**궁금증이
지식이 되는,
아하!**

세상 모든 **호기심**에 대한, 가장 **친절한** 설명서

궁금증이 지식이 되는, 아하!

이병관 지음

WINNER'S BOOK

세상 모든 호기심에 대한, 가장 친절한 설명서
궁금증이 지식이 되는, 아하!

초판 1쇄 발행 2015년 11월 20일

지은이 | 이병관
펴낸이 | 홍경숙
펴낸곳 | 위너스북

경영총괄 | 안경찬
기획편집 | 노영지, 임소연

출판등록 | 2008년 5월 2일 제310-2008-20호
주소 | 서울 마포구 합정동 370-9 벤처빌딩 207호
주문전화 | 02-325-8901

표지디자인 | 김보형
본문디자인 | 정현옥
제지사 | 한솔PNS(주)
인쇄 | 영신문화사

ISBN 978-89-94747-51-4 (03190)

이 도서의 국립중앙도서관 출판예정도서목록(CIP)은 서지정보유통지원시스템 홈페이지
(http://seoji.nl.go.kr)와 국가자료공동목록시스템(http://www.nl.go.kr/kolisnet)에서
이용하실 수 있습니다.(CIP제어번호: CIP2015028027)

위너스북에서는 출판을 원하시는 분, 좋은 출판 아이디어를 갖고 계신 분들의 문의를 기다리고 있습니다.
winnersbook@naver.com | Tel 02) 325-8901

호기심이란 무지의 고백인데,
그것은 의도적이고 당당하며 열렬하다
-루빈시테인-

■ 상투적인 질문과 뻔한 답변처럼 재미없는 게 또 있을까요? 청문회라면 맥이 빠지고, 방송이라면 존재 의미가 사라지겠죠. 저부터 채널을 돌려버릴 겁니다. 〈그건 이렇습니다〉의 〈궁금증이 지식이 되는 아해!〉코너는 제가 먼저 기다리는 시간입니다. 오늘은 어떤 청취자가 무슨 궁금증을 보내주셨을까? 그 답은 또 뭘까? 기발한 질문과 뜻밖의 답변이 오가다 보면 '아하!'가 터져 나오고, 깨달음의 웃음이 넘칩니다. 책이 나오면 곧 사회생활을 시작할 아들 녀석 책상에 제일 먼저 올려두려고 합니다. 고정관념에 사로잡히고, 세상일에 관심이 없는 사람에게는 세상도 관심을 두지 않는 법이니까요.

−이재용 〈그건 이렇습니다〉 진행자

■ 인간이 무엇을 만들고, 무엇을 먹고, 무엇을 입고, 모여서 무엇을 하는가. 하나하나의 사람 사는 모습은 사소하지만, 이것들이 모여 인간의 역사가 되고 사회가 움직이는 원리를 만듭니다. 비키니 수영복은 누가 만들었을까? 비행기 블랙박스는 왜 꼬리에 있을까? 의사봉은 왜 세 번 두드릴까? 이런 사소한 호기심들이 모이다 보면 인간이란 어떤 존재인지, 인간이 어떤 지혜로 세상을 헤쳐 나왔는지, 사뭇 굵직한 깨달음을 얻을 수 있습니다. 〈그건 이렇습니다〉의 자랑, 〈궁금증이 지식이 되는, 아해〉를 글로 만나는 경험은 신선하고, 유익하고, 무엇보다 꽤 재미있을 것입니다.

−한재희 MBC라디오 프로듀서

■ 사람들이 궁금해하는 질문에 대한 답을 찾아내는 과정은 때론 즐겁지만 대체로는 고된 작업입니다. 많은 이들이 궁금해하는 문제일수록 그 답을 '정확하게' 알고 있는 전문가는 대개 한 명이거나 운이 좋아야 두어 명에 불과하기 때문입니다. '소리를 크게 지를수록 노래방 점수가 더 잘 나올까' 같은 가벼운 질문도 노래방 소프트웨어를 설계한 프로그래머를 수소문해 찾아서 직접 물어봐야 신뢰할 수 있는 대답을 겨우 들을 수 있습니다. 그래서 지식산업은 첨단산업이지만 지식을 만

들고 찾아내는 일은 대단히 수고로운 1차산업입니다.

이 책의 저자와는 방송국에서 자주 보는 사이지만 지난 몇 년간 내 눈에 각인된 그의 모습은 앞모습이 아니라 주로 옆모습이거나 등을 돌린 뒷모습이었습니다. 대개 충혈된 눈으로 키보드를 토닥이거나 아니면 부르튼 입술로 누군가와 열띤 통화를 하고 있었습니다. 이 책은 그 결과물입니다. 저자가 손으로 직접 빚어낸 수제手製 지식과 인터넷에 떠도는 흔한 정보들의 차이를 느낄 수 있을 것입니다.

-이진우 MBC라디오 〈손에 잡히는 경제〉 진행자

■ "김초롱 아나운서는 만물박사 같아요. 그 많은 걸 어떻게 다 조사하나요?" 종종 이런 말을 듣곤 합니다. 매일 저녁 TV생방송하랴, 메이저리그 소식 전하랴, 라디오 뉴스하랴 그리고 드라마에 아나운서 단역으로 출연하랴 몸이 두 개라도 모자랄 제가 그 많은 궁금증을 어떻게 모두 조사하고 원고를 쓸 수 있겠어요?

'약은 약사에게 진료는 의사에게'라는 말처럼 대본은 20년 이상 MBC라디오에서 활약해온 이병관 작가님께 맡겨왔습니다. 대신 저는 그 많은 궁금증의 비밀을 제 입에 착 달라붙게, 여러분의 귀에 쏙 들릴 수 있게 열심히 노력하고 있습니다. 학교 다닐 때 '인간은 사회적 동물'이라고 배웠지만 저는 이 방송을 하면서 '인간은 궁금한 동물이다'라는 것을 알게 됐습니다. 우리는 살아가면서 참 많은 것들을 궁금해 합니다. 그런데 당장 급하고 해결이 필요한 궁금증은 이리저리 알아보지만, 대부분은 아쉬운 대로 그냥 흘려보내곤 하지요. 그러다가 어느 날 우연찮게 그 궁금증이 해결될 때 '아하, 그게 그런 거였구나!' 하고 마치 가려운 등을 효자손으로 긁듯 시원해합니다.

이제는 우연찮게 궁금증이 해결되기만을 기다리지 않아도 됩니다. 《궁금증이 지식이 되는, 아하!》가 여러분의 궁금증을 해결해줄 것입니다.

-김초롱 MBC 아나운서

내가 만들지 않은 책

동네에 작은 공공도서관이 있습니다. 주민자치센터를 도서관으로 개조했는데, 그래도 장서량은 제법 됩니다. 얼마 전 책을 빌리고 회원증을 내밀었더니 잠깐 기다리라면서 회원증을 새로 발급해주더군요. 지금까지는 한 번에 책을 5권까지 대출했는데, 7권까지 대출 가능한 회원증이라고 했습니다. 그동안 책을 많이 빌린 주민에게 주는 특전이라고 하면서 말입니다.

MBC라디오 표준FM에서 매일 오전 11시 10분에 시작하는 〈그건 이렇습니다〉가 첫 전파를 탄 것은 2014년 4월입니다. 프로그램을 시작하고 나서 이 공공도서관과 MBC에 있는 도서관을 뻔질나게 드나들어야 했습니다. 청취자들의 끊임없이 이어지는 질문에 대한 답을 찾는 데 도서관만 한 곳이 없었기 때문입니다. 물론 책만으로 다 해결할 수는 없었습니다. 인터넷 검색을 통해서 각종 신문 자료와 블로그, 논문 등을 참고했습니다. 인터넷에는 잘못된 내용도 많았기 때문에 관련 기관이나 기업, 또는 그 분야를 가장 잘 아는 전문가의 도움도 구했습니다. 현장의 전문가들은 "누가 그런 걸 다 묻느냐?"라고 하면서도 하나같이 친절하게 답변해주었습니다.

이렇듯 이 책은 제가 만든 책이 아닙니다. 라디오를 흔히 '소통의 매체'라고 하는데, 라디오를 통해 청취자와 소통하는 과정에서 나온 책입니다. 청취자들이 예리한 관찰력과 풍부한 상상력, 왕성한 호기심으로 질문을 하면, 저는 다만 도서관 서가를 뒤지고, 현장 전문가들의 식견을 들어가며 먹기 좋고, 듣기 좋게 요리해서 〈그건 이렇습니다〉라는 밥상에 올렸을 뿐입니다. 그 과정에서 저부터 '아하~' 하면서 세상의 비밀을 알게 됐고, 지금까지 상식으로 알고 있었던 많은 것들이 사실과 다른 고정관념이었다는 것을 깨닫기도 했습니다. 그러다 보니 당연하다고 여겨졌던 사실에 대해서 '정말일까?', '왜 그럴까?' 하는 의문이 꼬리에 꼬리를 물었습니다.

세르비아 속담에 "진실은 딱딱한 호두와 같다."라는 말이 있습니다. 딱딱한 호두껍데기를 깨지 않으면 진실은 결코 맛볼 수 없다는 얘기 지요. 호두껍데기를 깨는 일은 이따금 어렵고 힘들었지만 아주 재미 있고 즐거운 작업이었습니다. 하루하루 방송이 될 때마다 보여주신 청취자들의 뜨거운 반응은 강력한 자양강장제였습니다. 그리고 책으로 엮어서 두고두고 보면 좋겠다는 성원이 마침내 결실을 보게 되었습니다.

솔직히, 이 책에 담긴 궁금증과 해답들은 몰라도 살아가는 데 아무 지장이 없는 내용일지 모릅니다. 그렇지만 무심코 지나쳤던 일들의 원인과 비밀을 하나씩 알게 되면 일상이 즐거워질 것입니다. 저처럼 새로운 의문을 갖게 되고, 그 의문을 하나하나 알아가는 과정이 생활에 활력소가 될 것입니다. 사소하지만 알찬 상식들이 쌓이고, 고정관념을 깨는 사실들로 무장하면 사람들과 대화할 때 매력적인 주제로 삼

을 수도 있겠지요. 이야깃거리가 풍부해지면 주변에 사람들도 모여
들 겁니다. 독자 여러분께 작으나마 그런 도움을 드릴 수 있다면 책을
낸 보람이 더욱 커질 것입니다.

이제, 마음을 열고서 호기심이 유익해지고, 궁금증이 지식이 되는 여
행을 떠나보시죠.

이병관

| 차례 |

• CHAPTER 2 •
뉴스가 쉬워지는, 정치경제 이야기

• CHAPTER 4 •

일상생활에 도움이 되는, 기술가정 이야기

소통이 편해지는,
사회문화 이야기

월남치마와 몸뻬는
언제부터 입었을까?

월남치마와 몸뻬는 옛날 어머니들이 많이 입던 치마와 바지입니다. 월남치마와 몸뻬는 언제부터 입기 시작했을까요? 또 어떻게 이런 말이 생겼을까요?

월남치마는 월남, 즉 베트남과 관련이 있습니다. 1964년부터 베트남 전쟁이 일어났고 우리나라 군인이 파병됐습니다. 1965년부터 1973년까지 8년간, 모두 31만 명이 넘는 병력이 파병됐습니다. 이때 파병된 군인들이 우리나라에 돌아올 때 월남치마를 선물용으로 많이 사 왔다고 합니다.

월남치마는 길이가 길고, 대체로 화려한 색깔의 알록달록한 무늬가 있는 일자형 통치마였습니다. 특히 1970년대에 크게 유행하면서 월남치마로 부르게 됐습니다. 허리에 고무줄을 넣어, 입고 벗기가 아주 편하므로 시골에서 농사일할 때 간편하게 입을 수 있는 월남치마를 애용하게 되었습니다.

몸뻬는 여성들이 일할 때 입는 헐렁한 바지를 말하는데, 원래는 일본 도호쿠 지방에서 전통적으로 입던 바지였습니다. 그러다 1940년대에 일제가 우리나라의 부녀자들에게 몸뻬를 강제로 보급했습니다. 특히 1944년 일제 강점기 말에는, 몸뻬를 입지 않은 여성이 버스, 전차를 타거나 관공서, 극장에 가는 것을 금지했다고 합니다.

이처럼 일본 강점기에 강제로 들어온 바지이지만 1950년을 전후로 크게 인기를 끌었습니다. 몸뻬가 일본말이기 때문에 국립국어원에서는 이미 오래전부터 몸뻬 대신 '왜 바지' 또는 '일 바지'라고 불러야 한다고 강조합니다.

02

우체통은
왜 빨간색일까?

우체통이 갈수록 사라지고 있습니다. 약 20년 전인 1993년에는 우체통이 5만 7000개가량 있었는데, 2013년에는 1만 9000개가량 있었다고 합니다. 세 개 중 두 개가 사라졌고 우체통 한 개에 하루 평균 우편물 수도 2004년에 21.7통에서 2013년 8통으로, 뚝 떨어졌습니다. 사라져 가는 우체통이 처음 설치된 것은 언제일까요? 또 우체통은 왜 빨간색일까요?

1884년 갑신정변을 일으킨 장소가 바로 우정총국 개국 연회장이었습니다. 이곳 우정총국은 우리나라 최초로 근대식 우편업무를 시작한 곳입니다. 우정총국은 서울 종로구 조계사 바로 옆에 있고, 지금도 편지를 보낼 수 있습니다. 구한말에 우정총국과 함께 우체통이 설치되기 시작했는데, 당시 우체통은 지금 같은 모양이 아니라 나무로 된 벽걸이 우체통이었습니다. 또한 색도 빨간색이 아니라 암갈색의 나무 색깔이었습니다.

우체통이 빨간색이 된 시기는 일제강점기입니다. 일제에 강제 병합되면서 일본과 똑같은 원통 형태의 빨간색 우체통을 세우기 시작했고 광복 이후 1956년까지 비슷한 우체통을 사용했습니다. 1957년에 설치하기 시작한 우체통은 지금 보는 것과 비슷한 사각형 형태에, 편지를 집어넣는 입구가 큰 우체통이었습니다. 이 우체통은 편지를 집어넣는 머리 부분만 빨간색이고, 편지를 꺼내 가

는 배와 다리 부분은 녹색이었습니다. 이 우체통을 1983년까지 사용했습니다.

그렇게 25년 넘게 녹색과 빨간색, 두 가지 색깔로 된 우체통을 쓰다가 1984년부터 다시 빨간색이 되었습니다. 이렇게 빨간색을 쓰는 이

유는 우선 눈에 잘 띄고, 또 소방차처럼 긴급하고 신속하게 배달한다는 느낌을 줄 수 있기 때문입니다. 빨간 우체통은 우리나라와 일본, 영국에서 쓰고 미국과 러시아는 파란색을 씁니다. 프랑스와 독일은 노란색이고, 중국은 초록색으로 나라마다 모두 다릅니다.

이문재 시인은 빨간 우체통을 보고, 이런 시를 썼습니다.

─ 나는, 우리가 잃어버린 소중한 것 가운데

하나가 우체국이었음을 알았습니다

우체통을 굳이 빨간색으로 칠한 까닭도 그때 알았습니다,

사람들에게 경고를 하기 위한 것이겠지요.

사람들이 갈수록 우체통을 거의 찾지 않는 것에 대한 경고를 빨간
색으로 보았습니다. 시인의 상상력은 참 대단합니다.

우편번호가 바뀌었다고?!

우편번호는 우편물 구분을 편하게 하려고 만든 일종의 코드입니다. 문자로 된 주
소를 일정한 기준에 따라서 숫자로 바꾼 것입니다. 우리나라에서는 1970년 7월 처
음 도입됐는데, 처음에는 다섯 자리 숫자였다가 1988년에 여섯 자리가 됐습니다.
그리고 2015년 8월에 다시 다섯 자리 숫자로 바뀌었습니다.

처음에 정한 우편번호는 우체국별로 부여한 다섯 자리 숫자 체계였습니다. 당시에
는 우편번호와 행정구역이 일치하지 않습니다. 그러다 1988년에 행정구역별 여
섯 자리 숫자 체계로 우편번호를 만들었습니다.

2015년 8월부터 사용하게 된 새 우편번호는 국가 기초구역 번호인데 우편뿐 아니
라 소방, 통계 등 모든 공공기관이 공통으로 사용하는 번호입니다. 도로나 하천,
철도처럼 변하지 않는 지형지물을 경계로 구역을 나누고, 다섯 자리 번호로 표시
한 국가 기초구역 번호입니다. 앞의 두자리는 특별시 및 광역시ㆍ도를 나타내고,
세 번째 자리는 시ㆍ군ㆍ구를, 마지막 두 자리는 지형지물을 경계로 세분한
구역의 일련번호입니다.

숭례문은 국보, 흥인지문은 보물. 왜 다를까?

숭례문과 흥인지문은 국보와 보물입니다. 둘 다 조선 시대 건축물이고, 용도도 같았을 텐데 왜 구분될까요? 국보와 보물의 기준이 뭘까요?

말 그대로 보면 국보는 '국가의 보물', 보물은 그냥 '보물'입니다. 즉, 국보가 보물보다는 한 단계 위입니다. 그렇다면 숭례문이 국보로 지정될 만큼, 흥인지문하고 큰 차이가 있을까요?

사실 겉으로 보기에는, 별로 차이가 없습니다. 둘 다 백성들이 드나들던 문이고 모습도 비슷합니다. 그런데 잘 따져보면 차이가 납니다. 숭례문은 조선 초, 태조 때 건립돼서 세종과 성종 때에 크게 고친 후 오늘에 이르렀습니다. 반면에 흥인지문은 숭례문과 비슷한 시기에 건축됐지만, 지금 있는 문은 고종 때 새로 지은 것입니다. 즉, 숭례문이 역사도 훨씬 오래되고 건축사적 가치도 더 큰 건축물입니다. 그래서 국보로 지정한 것입니다.

국보는 문화재 보호법에 지정 절차가 규정돼 있습니다.

― 문화재청장은 문화재위원회의 심의를 거쳐 유형문화재 중에서 중요한 것을 보물로 지정할 수 있다. 또, 보물에 해당하는 문화재 중에서 인류문화의 관점에서 볼 때 그 가치가 크고 유례가 드문 것을 문화재위원회의 심의를 거쳐 국보로 지정할 수 있다.

유형문화재 중에서 보물을 뽑고, 보물에서 국보를 다시 뽑는 순서입니다. 또 국보와 보물은 일련번호가 있는데, 관리번호에 불과합니다. 예를 들어 숭례문이 국보 1호고, 석굴암이 국보 24호로 지정되어 있습니다. 그런데 석굴암은 통일신라 때 건립되어 숭례문보다 수백 년 앞선 문화재이고, 유네스코 세계문화유산으로도 지정되었습니다. 따라서 국보 1호가 국보 24호보다 중요한 문화재라고는 볼 수는 없습니다.

국보는 2015년 9월, 319호까지 지정돼 있습니다. 허준이 지은 의학서 《동의보감》이 2015년 6월 국보로 승격된 것이 마지막입니다. 그런데 이렇게 국보로 지정됐다가 해제된 사례가 두 번 있습니다. 국보 274호와 278호가 나중에 위작으로 뒤늦게 밝혀져 국보 자격을 잃었습니다. 국보나 보물에서 해제되면 해당 번호는 영구 결번이 됩니다.

현재 국보와 보물은 37%가 국가나 지방자치단체, 공공기관이 소유하고 있고 63%는 민간이 사유하고 있습니다. 그렇다면 개인이 소유한 국보나 보물도 매매할 수 있을까요? 문화재 보호법에 따르면 지정 문화재라도 개인 소유인 경우 국외에 반출하지 않는 한 소유주 변동사항을 문화재청에 신고하기만 하면 매매가 가능합니다. 개인 자산이므로 국가가 판매에 관여하거나 제재할 근거가 없기 때문입니다.

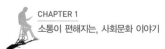

04

머리에 가마가 두 개면
정말 결혼을 두 번 하나?

머리에 가마가 두 개인 사람은 결혼을 두 번 한다는 말이 있습니다. 그런데 정말 가마가 두 개면 결혼을 두 번 할까요? 가마는 왜 생기는 걸까요?

가마를 한자어로는 선모旋毛라고 합니다. 소용돌이 선旋자에, 털 모毛 자. 소용돌이 모양으로 난 머리털이라는 뜻입니다. 사람 머리를 비롯한 우리 피부에 나는 털은 벼나 나무가 자라는 것처럼 수직으로 자라지 않고, 일정한 경사를 이루면서 비스듬하게 누워서 자랍니다. 그런데 이 경사가 어느 한쪽으로만 있는 것이 아니라 부위에 따라 다릅니다.

정수리 부근에서 소용돌이 모양을 한 머리털이 바로 가마입니다. 가마 외에 우리 몸의 다른 곳에도 소용돌이 모양의 털이 난 곳이 있습니다. 그런데 머리털처럼 수가 많지 않고 길게 자라지도 않기 때문에 잘 드러나지 않습니다.

가마는 두 개가 있을 수도 있고, 세 개가 있을 수도 있습니다. 귀의

앞부분이나, 목덜미 근처에 가마가 있는 사람도 있습니다. 조사 결과로는 가마가 한 개인 사람들이 90%로 가장 많습니다. 두 개인 사람이 약 7%, 3개 이상이 약 2~3% 된다고 합니다.

가마의 위치는 오른쪽으로 치우쳐 있는 사람이 약 50%, 왼쪽으로 치우친 사람이 약 30%, 그리고 정수리 한가운데에 있는 경우가 약 20%입니다. 신기하게도 일란성 쌍둥이는, 한 사람은 오른쪽에 가마가 있고 다른 한 사람은 왼쪽에 있습니다.

그렇다면 가마가 두 개인 사람은 결혼을 두 번 하게 될까요? 만약 속설이 맞았다면 요즘처럼 결혼을 두 번 이상 하는 사람들이 많은 세상은 가마 천국이 되지 않을까 싶습니다. 가마가 하나인 사람보다 둘, 셋인 사람이 적다 보니 놀리려고 그런 말을 만들지 않았을까요? 또 옛날에는 혼례를 마친 신부가 신랑 집으로 갈 때 가마를 타고 갔으니, 이 가마와 머리의 가마가 같은 소리라서 결혼을 두 번 한다는 말이 생겨났다는 설도 있습니다.

05

선글라스는
누가 처음 썼나?

많은 이들이 강한 햇볕과 자외선을 차단하기 위해서 선글라스를
애용합니다. 여성들은 패션 일부로 사용하기도 합니다. 이처럼
많은 사랑을 받는 선글라스는 언제부터 쓰기 시작했을까요?

선글라스 하면 떠오르는 사람이 몇 있습니다. 박정희 전 대통령 그리
고 한국전쟁 때 인천 상륙작전에 성공했던 더글러스 맥아더 장군이
대표적입니다. 선글라스를 낀 모습이 카리스마 넘치고, 강렬한 인상
을 주었습니다. 특히, 박정희 대통령은 1961년 국가재건최고회의 의
장 신분으로 미국 백악관에서 대담할 때도 선글라스를 벗지 않았다
고 합니다.

이러한 선글라스는 강렬한 햇빛으로부터 눈을 보호하기 위해서 쓰
는, 색깔이 들어간 안경입니다. 태양과 가장 가까운 곳에서 일하는 사
람, 바로 비행기 조종사들에게 가장 필요했습니다. 선글라스가 없던
시절 조종사들은, 비행기를 몰 때 심한 어지러움과 구토증이 있었습
니다. 그래서 1930년대 미국 육군항공단이 '바슈롬' 이라는 회사에

조종사를 위한 보안경 제작을 의뢰했습니다. 얼굴을 반쯤 가리는 애비에이터 스타일 선글라스의 원조가 이때 만들어졌습니다.

아버지 세대는 이 선글라스를 라이방이라고 부르기도 하는데, 선글라스 상표 이름을 우리식으로 부른 것입니다. 태양광선을 막는다는 뜻에서 Ray Ban이란 이름을 붙였는데, 일본식 또는 우리식으로 라이방이라고 발음했습니다.

중국에서는 1000년 전에도 선글라스가 있었다는 기록이 있습니다. 1117년에 쓴 《가일기》라는 문헌에는 판관들이 연수정으로 만든 흑색안경을 썼다는 내용이 들어 있습니다. 재판하면서 재판정에 나온 원고나 피고의 주장을 들을 때 자신의 눈빛을 가리기 위해 색깔 있는 안경을 썼던 것입니다. 판관 포청천이 활동하던 시절이 1040년, 1050년대니까 아마 포청천도 이 흑색안경을 썼을 것입니다.

06

기립박수의
기원은?

대단한 활약을 펼치거나, 공연장에서 감동적인 공연을 봤을 때 자신도 모르게 일어나서 기립박수를 하게 됩니다. 이 기립박수는 언제, 어떻게 시작된 것인가요?

기립박수는 아주 적극적으로 칭찬하고 찬사를 보내는 행위입니다. 마음에서 우러나와 기립박수를 치기도 하고, 누군가가 기립박수를 치면 도미노처럼 하기도 합니다. 음악계에서 정설로 알려진 기립박수의 기원은 음악의 어머니 헨델이 작곡한 오라토리오 〈메시아〉 공연과 관련이 있습니다.

헨델의 〈메시아〉는 모두 53곡이고 그중에서도 가장 유명한 곡이 2부의 마지막에 등장하는 〈할렐루야 합창〉입니다. 이 〈메시아〉가 런던에서 처음 공연된 1750년 당시, 영국 국왕인 조지 2세가 이 공연을 관람 중이었습니다. 그는 〈할렐루야 합창〉을 마치자 무척 감동을 받은 나머지, 벌떡 일어나서 박수를 쳤다고 합니다. 이렇게 국왕이 나서서 기립박수를 치니까 다른 청중들도 모두 일어나게 됐고 이때부터 기립박수 관행이 생겼다고 합니다.

또 다른 설에서는 조지 2세 국왕이 〈메시아〉 공연 중간에 들어왔습니다. 그래서 공연을 보던 청중들이, 국왕에게 경의를 표하기 위해서 일어났습니다. 그때가 마침 〈할렐루야 합창〉 부분이었고, 곡이 좋아서 선 채로 박수를 친 것이 기립박수 전통으로 이어졌다고 합니다. 지금도 〈할렐루야 합창〉 대목에서는 모든 청중이 기립하는 전통을 지키고 있습니다.

첫 번째 설은 곡에 대한 경의를 표하는 기립박수지만, 두 번째 설은 국왕에 대한 경의를 표하다가 우연히 시작된 것입니다. 어떻게 시작되었든 지금의 기립박수는 작품과 연주자에 대한 감사, 칭찬의 의미입니다. 오페라나 클래식 공연장뿐 아니라 영화관, 연극, 뮤지컬, 야구 경기장, 의회 연설에 이르기까지 아주 다양한 곳에서 벌어지고 있습니다.

어떤 공연장에서는 기립박수만 치는 것은 성에 차지 않아서, 관객들이 발을 구르기도 합니다. 그런 기립박수와 소리를 들으면 연주자나 작곡자는 큰 감동을 받습니다.

> 관객의 박수가 의례적인 것도 있고,
> 마음이 담긴 것도 있습니다. 그러나
> 감동하거나 마음에 드는 공연이었다면,
> 적극적으로 기립박수를 치는 것이 좋을 것 같습니다.

07
처음에는 좋은 의미로 썼던
나이롱

우리나라 화학섬유 산업 발전을 이끈 이동찬 전 코오롱 회장이
2014년 11월 타계했습니다. 그는 우리나라에 나일론을 처음 도
입했습니다. 그런데 나일론과 비슷하게 발음되는 '나이롱환자'
와 나일론은 어떤 관계가 있을까요?

나일론은 역사가 가장 오래된 합성 섬유입니다. 면이나 양모, 생사로
만든 천연섬유가 아니라 석유나 석탄을 원료로 해서 만든 인조 섬유
중 하나입니다. 1938년, 미국 듀폰사에서 근무하던 윌리스 캐러더스
Wallace H. Carothers가 발명했는데, 세상에 알려진 것은 우연한 계기였습
니다. 캐러더스는 연구실에서 나일론을 어렵게 만들어냈지만, 이 물
질을 어디에 어떻게 써야 할지 몰랐습니다.

그러던 어느 날 조수가 유리막대로 시험관에 달라붙은 나일론 찌
꺼기를 긁어내다 깜짝 놀랐습니다. 유리 막대 끝에서 실크처럼 영롱
하고 가느다란 실이 끝없이 나왔기 때문입니다. 그렇게 해서 '20세
기 기적의 섬유', '꿈의 섬유'라는 수식어가 붙는 나일론이 세상에

나왔습니다. 당시 신문기사에서는 "거미줄보다 가늘고, 실크보다 아름다우며, 철사보다 질긴 실이 나왔다. 기적이다."라고 표현하고 있습니다.

나일론으로 만든 최초의 상품은 칫솔모였고 그다음은 양말, 그다음이 여성용 스타킹이었습니다. 이 중에서 세상을 가장 놀라게 만든 것은, 듀폰의 여비서들을 실험에 총동원한 끝에 개발한 여성용 스타킹이었습니다. 당시 스타킹은 비단 같은 광택에, 내구성이 강하다는 이유로 선풍을 일으켰고 나일론 스타킹을 사기 위해 줄을 선 여성들 모습이 뉴욕타임스에 실릴 정도였습니다.

나일론이 국내에 첫선을 보인 때는 1953년입니다. 일본에서 나일론 양말이 수입되어 폭발적인 인기를 끌었습니다. 그때는 지금 같은 외래어표기법이 없던 시절이었기 때문에 나일론의 일본 발음인 '나이롱'으로 부르고, 표기했습니다. 2014년 11월 타계한 이동찬 전 회장이 나일론 생산을 위해 설립한 회사 이름도 처음에는 '한국나이롱'이었습니다.

처음에는 나일론의 인기가 높아서, 나이롱이 좋은 의미로 쓰였습니다. 우리나라 재래종 참외를 개량한 노랑참외를 '나이롱 참외'로 부르고 화투놀이에서도 '나이롱뽕'이 생겨났습니다. 이때 나이롱은 원래에서 변종, 변화됐다는 뜻이었습니다.

그런데 나이롱환자의 나이롱은 가짜, 거짓이라는 의미를 담고 있습니다. 인기를 끌던 나일론은 가볍고 부드럽고 탄력성이 강하지만, 습기를 빨아들이는 힘이 약했습니다. 또 화학섬유다 보니, 면보다는 피

부에 좋지 않았습니다. 처음에
는 나일론의 혁명적이고, 좋
은 모습만 보다가 시간이 흐를
수록 점차 단점도 발견하게 된
것입니다. 천연섬유와 다른 인공섬유라는 점도 두드러졌습니다.

　한 걸음 더 나아가서, '겉은 그럴 듯하지만 그 속은 가짜다' 라는 뜻
이 담긴 말로 '나이롱' 을 쓰게 됩니다. 그래서 많이 아프지 않은데,
중환자인 것처럼 병원 신세를 지고 있는 환자를 '나이롱환자' 라고 합
니다. 그리고 진심으로 치는 박수가 아니라, 형식적이거나 가식적인
박수, 양손을 부딪지 않는 박수를 '나이롱 박수' 라고 지칭했습니다.
또 진짜인지 의심스럽고 가짜 같다는 뜻으로 나이롱 의사, 나이롱 선
생, 나이롱 신자란 말들도 씁니다.

더 알아보기

'나이롱환자' 라고 써도 괜찮을까?

나일론만 단독으로 쓸 때는 나이롱이 아니라 나일론, 환자를 붙여서 '나이롱환
자' 를 쓸 때는 나이롱으로 써야 맞습니다. 국어사전에도 나이롱환자는 "환자가
아니면서 환자인 척하는 사람을 익살스럽게 이르는 말."이라고 되어 있습
니다.

08

손짓과 말을 함께하는
비수지 기호

뉴스를 보면 작게 수화 방송을 보여 주는 경우가 있습니다. 수화할 때 입으로도 말을 하는데, 핵심 단어만 전달해주는 걸까요? 아니면 청각 장애인들만 알 수 있는 입 모양으로 보여 주는 걸까요?

청각 장애인과 대화하는 방법은 세 가지가 있습니다. 첫째는 음성 언어로, 말하듯이 대화하는 구화입니다. 입 모양과 표정을 지어서 말을 천천히 하면 귀가 들리지 않더라도 시각적인 방법으로 어느 정도 의사소통이 가능합니다. 가족이나 친구 간에 가능한 방법입니다.

두 번째 방법은 필담입니다. 말하는 대신 글을 써서 대화하는 방법입니다. 그런데 구화와 필담은 완전한 의사소통이 되기에 한계가 있습니다. 그래서 주로 하는 것이 수화입니다.

수화는 시각언어로 대화하는 방법입니다. 어릴 때부터 듣지 못해서 말을 배우지 못한 청각 장애인에게는 수화가 최선의 의사소통 방법입니다.

그래서 방송에서도 수화를 합니다. 이때 수화 통역사는 손짓과 말을 함께 합니다. 이를 '비수지 기호'라고 합니다. 청각 장애인이 알 수 있도록, 손으로 하는 수화 외에 입 모양이나 표정 등을 함께 써서 전달하는 것입니다.

수화는 1만 단어 정도 있습니다. 일반 단어에 비하면 그리 많지 않아서 건청인들이 하는 말을 완벽하게 표현하지는 못합니다. 예를 들어서 수화에는 '사위'라는 단어가 없습니다. 그래서 뉴스에 사위가 나오면 '딸, 결혼, 남편' 세 단어를 써서 표현합니다. 그리고 며느리도 '아들, 결혼, 부인'으로 표현합니다.

또 형용사도 많지 않습니다. 그래서 다양한 느낌, 의성어, 의태어, 맛, 색깔, 단위와 같은 것을 완벽하게 표현하기 어렵습니다. 맛을 표현할 때 쓰는 '얼큰하다, 알싸하다, 느끼하다, 시큼하다'와 같은 말을 모두 표현하기 어렵습니다. 또 '찌릿하다, 화끈하다, 미지근하다'와 같은 형용사가 거의 없으며 조사나 어미 활용도 매우 단순합니다.

이러한 이유로 뉴스도 수화로 완벽하게 표현하기가 쉽지 않아서, 핵심 내용을 수화와 '비수지 기호'를 통해서 전달하는 것입니다.

고유명사를 표현할 때는 '손가락 지指'자, '지문자指文字'를 씁니다. 우리 한글의 자음(ㄱ, ㄴ, ㄷ, ㄹ)과 모음(ㅏ, ㅑ, ㅓ, ㅕ)을 손가락으로 비슷하게 표시해서 글자를 만듭니다.

예를 들어, '이'는 엄지와 검지로 동그라미를 만든 다음에 새끼손가락을 펴면 됩니다. 알파벳도 지문자가 있는데, 고유명사를 표현하거나 수화 문자를 모를 때 지문자를 사용합니다.

수화는 만국 공통어?

나라마다 다릅니다. 따라서 외국 청각 장애인과 대화를 하기 위해서는 그 나라 수화를 배워야 합니다. 하지만 수화가, 건청인들이 외국인들과 의사소통을 하는 것보다는 훨씬 수월하게 외국인과 소통을 할 수 있다고 합니다. 수화가 나라마다 다른 것은, 일종의 사투리라고 볼 수 있습니다. 과거에는 우리나라 수화가 일본 수화와 비슷한 점이 상당히 많았는데, 이제는 많이 달라졌다고 합니다.

09

구조 신호 Mayday

선장들은 배가 침몰 할 경우 긴급채널로 '메이데이'를 반복해야 합니다. 메이데이는 세계 노동절인데, 왜 메이데이를 반복해야 하는 걸까요? 두 단어가 관련이 있는 건가요?

결론부터 말하자면 아무 관계가 없습니다. 긴급 구조 신호인 메이데이Mayday는 붙여 쓰는 말이고, 노동절을 의미하는 May day는 띄어 써야 맞습니다. 둘은 아무 상관 없는 용어입니다.

메이데이는 선박이 조난됐을 때나 항공기가 납치됐을 때 같은 아주 위급한 상황에서 쓰는 국제적인 긴급 구조용어입니다. 이는 1923년 영국의 항공 무선사였던 프레더릭 스탠리 목포드Frederick Stanley Mockford가 착안했습니다. 항공기가 위급상황일 때 관제탑이나 지상근무자 모두에게 응급상황임을 알릴 수 있도록 메이데이라는 말을 쓰기 시작한 것입니다.

이 단어는 프랑스와 관련이 있습니다. 프랑스어에 '도와줘'라는 뜻인 'm'aidez 메데'라는 말이 있습니다. 영국과 프랑스를 오가는 항공기가 많습니다. 그래서 영국과 프랑스 두 나라 항공 관계자들이 모두 알아들을 수 있는 말을 찾다 보니, 도와 달라는 뜻과 발음이 비슷한 'Mayday' 라는 용어로 자리 잡게 되었습니다.

이 용어는 노동절과 헷갈리기 쉬우므로 항상 세 번씩 연달아 불러야 합니다. 아무리 소음이 많은 상황에서도 비슷한 말로 혼동하지 않고, 노동절을 의미하는 메이데이와도 구분하기 위해서입니다.

실제로 미국 심장부를 강타한 9·11테러 때, 유나이티드 항공 93편도 긴급하게 구조요청 신호를 보냈는데, 이때도 메이데이를 외친 기록이 남아있습니다.

10 얼음물 뒤집어쓰고 기부하기

요즘 미국 등에서 얼음물을 뒤집어쓰면서 기부를 하는 것이 유행이라고 합니다. 미국사람들은 기부도 참 재밌게 하는 것 같습니다. 이 기부가 어떻게 시작됐고, 이것 외에 재미있는 또 다른 기부 방법으로는 뭐가 있을까요?

아이스 버킷 챌린지는 우리말로 하면, 얼음물 한 바가지 뒤집어쓰기입니다. 대상자로 지명을 받은 사람은 차가운 얼음물을 뒤집어쓰는 영상을 찍으면서 다음 타자 세 명을 지명합니다. 그러면 그 지명 받은 세 명은 100달러를 기부하거나, 얼음물을 뒤집어씁니다. 물론 얼음물을 뒤집어쓰고 기부까지 해도 상관 없습니다. 유명 인사들은 대부분 얼음물도 뒤집어쓰고, 기부도 하는데 이 기부가 삽시간에 퍼지면서 SNS를 뜨겁게 달구고 있습니다.

아이스 버킷 챌린지는 미국 루게릭병 협회ALS에서 시작했습니다. 루게릭병은 팔다리 근육이 서서히 마비돼서 움직일 수 없고, 결국엔 호흡근이 마비되면서 사망하는 병입니다. 전설적인 홈런타자 베이브

루스와 함께 미국 뉴욕 양키스의 전성기를 이끌던 4번 타자 루 게릭 선수가 이 병에 걸려서 루게릭병이라고 부르게 되었습니다. 루게릭병 협회가 병의 위험성을 알리고, 환자를 돕기 위한 모금운동으로 아이스 버킷 챌린지를 시작한 것입니다.

마이크로소프트 창업자 빌 게이츠, 페이스북을 창업한 주커버그 등 쟁쟁한 IT업계 거물들부터 축구 스타 네이마르, 호날두, 제라드, 미국 NBA 농구선수들 등이 동참해 갈수록 확산하고 있습니다. 이렇게 재미있는 방법으로 누군가를 돕는 것은 '퍼네이션'이라고 합니다. 재미 'fun'과 기부 'donation'을 합친 말로 흥미와 즐거움을 느끼면서 나눔 활동을 하는 것입니다.

퍼네이션 이모저모

'모자 뜨기 캠페인'은 아프리카에서 저체온증으로 죽어가는 신생아들을 위해 모자 뜨기 키트를 사서 기부를 하고, 그 키트로 모자를 떠서 신생아들에게 전달합니다. 스포츠 선수들은 홈런을 치거나 삼진을 잡아내면, 하나당 금액을 정해 기부를 합니다.

류현진 선수는 삼진과 안타 한 개에 100달러씩을 재단에 기부하고 있고, 추신수 선수도 2011년부터 홈런과 도루 한 개에 1,000달러씩을 각각 기부하고 있습니다. 국내 프로야구나 축구, 농구 선수들도 자신의 성적과 연계해서, 성적이 좋을수록 기부를 많이 하는 방법을 쓰고 있습니다.

또 '미리내 운동'은 사전에 등록된 미리내 가게에 갔을 때 모르는 누군가를 위해, 그 가게의 메뉴나 상품을 골라서 미리 돈을 내고, 그렇게 결제된 상품은 형편이 어려운 사람들이 와서 한 끼 식사하거나, 시원한 음료로 목을 축이고 가는 데 사용하는 캠페인입니다.

광주광역시에도 이와 비슷한 기부 운동이 '까치밥 홍시'라는 이름으로 퍼지고 있습니다. 옛날 우리 선조들이 감을 딸 때 모두 따지 않고 까치밥으로 남겨뒀던 것을 본받아서 누군가를 위해 미리 음료 값 등을 계산하는 캠페인입니다. 그것 말고도 스마트폰 앱을 다운받아서, 걷기만 해도 기부가 되거나 스마트폰을 이용하지 않으면 기부가 되는 앱도 있습니다.

11 핵폭탄에 버금가는 충격, 비키니

한여름 수영장에 가면, 비키니를 입은 많은 여성분을 볼 수 있습니다. 비키니 수영복은 언제부터 입기 시작했을까요?

목욕 문화가 발달한 그리스 로마 시대의 벽화에서 비키니 의상이 발견되었습니다. 그러나 우리가 아는 비키니라는 이름의 현대적 수영복이 등장한 것은 1946년 7월 5일 파리에서 열린 패션쇼에서였습니다. 프랑스 디자이너 루이 레아르가 디자인한, 위와 아래가 분리된 수영복이 이날 처음 선을 보였습니다.

그 이전까지는 위아래가 붙은 원피스형 수영복이 대부분이었습니다. 영화에서 배꼽이 나오면, 외설적인 장면이라고 금지하던 시절이었습니다. 그 당시 배꼽과 하반신이 드러나는 수영복은 입으려고 하는 모델이 없을 정도로 아주 충격적인 디자인이었습니다. 그래서 디자이너가 파리의 한 나이트클럽 스트립댄서를 설득한 끝에 겨우 비키니를 입혔다고 합니다.

디자이너는 처음부터 수영복 이름을 비키니라고 못 박았습니다.

이 수영복이 등장하기 며칠 전에 태평양 마셜군도의 산호초로 이뤄진 비키니라는 섬에서 미국이 원자폭탄 실험을 했습니다. 핵폭탄 실험으로 섬이 초토화됐고, 생물이 살 수 없는 땅으로 변했습니다. 디자이너는 "이 수영복도 비키니 섬처럼 큰 충격을 안길 것이다!"라는 확신을 하고, 비키니라는 이름을 붙여서 발표했습니다.

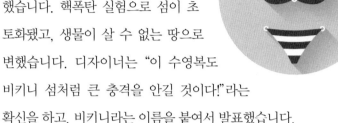

　디자이너의 예상대로 당시 사람들에게 핵폭탄에 버금가는 충격을 안겼습니다. 알몸을 거의 다 드러낸, 생전 처음 보는 디자인이었기 때문입니다. 그래서 당시 로마 교황청은 이 수영복을 부도덕한 옷이라고 비난했습니다. 또한 이탈리아와 스페인, 포르투갈은 비키니를 입는 것을 법으로 금지했습니다. 또 구소련도 퇴폐적 자본주의의 또 다른 샘플이라며 비키니를 매도 했습니다.

　당시 유럽이나 미국의 여성 수영복은 발목까지 가리는 치마 형태였고 다리를 드러내는 것은 금기였습니다. 특히 영국에서는 숙녀 앞에 닭다리 요리를 내놓는 것도 큰 실례라고 할 정도였습니다. 그래서 디자이너 레아르는 비키니 수영복을 상표 등록했지만 돈은 별로 벌지 못했다고 합니다.

　이후 비키니는 육체파 여배우인 메릴린 먼로가 간간이 입기도 하고, 프랑스 여배우 브리지트 바르도가 영화 〈그리고 신은 여자를 창조했다〉에서 비키니를 입고 나와서 관심을 끌기도 했습니다. 그러다가 1960년대 들어서 분위기가 바뀌기 시작했습니다. 히피 문화가 젊은이들 사이에서 퍼지면서 비키니가 점차 대중 속으로 파고들어 간 것입니다.

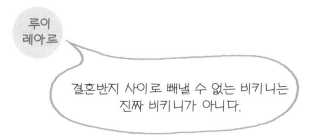

루이
레아르

결혼반지 사이로 빼낼 수 없는 비키니는
진짜 비키니가 아니다.

열두 가지 동물 띠는
언제 생겼나?

우리는 누구나 띠를 가지고 있습니다. 흔히, 그해에 태어난 아이
는 해당 띠 동물의 성격을 닮는다고 하는데, 이 열두 가지 동물 띠
는 언제, 어떻게 생겼을까요?

여러 가지 설이 있습니다. 옛날에 하늘나라 옥황상제가 모든 동물을
모아놓고 잔치를 성대하게 베풀었습니다. 그리고 잔치가 끝나갈 무
렵, 약속합니다.

"새해 첫날 아침에, 천상의 궁궐에 먼저 도착하는 순서에 따라서 1
등부터 12등까지 푸짐한 상을 내리겠다."

이 얘기를 듣자마자 걱정이 태산같이 많아진 동물이 있었습니다.
바로 소입니다. 동물 중에서 가장 느림보인 우공牛公이 걱정을 하다
가, 마침내 좋은 생각을 떠올립니다.

"맞아, 내가 아무리 소걸음이라고 하지만 서둘러 출발하면 충분히
이길 수 있어. 남들이 다 잠자고 있을 때 길을 떠나자!"

그리고는 한밤중에 집을 나섭니다.

그런데 밤에 깨어있던 쥐가 이 모습을 봅니다. 뭔가 심상치 않다고 생각했는지, 재빨리 소의 등에 올라앉습니다. 그런 줄도 모르고 밤새 길을 걸은 소는 새해 첫날 이른 아침에 옥황상제의 궁궐에 가장 먼저 도착하게 됩니다. 하지만 문지기가 궁궐 대문을 여는 순간에 쥐가 먼저 쏙 들어가게 됩니다. 그래서 쥐가 1등, 소가 2등을 합니다. 그리고 새벽길을 달려온 호랑이가 3등, 발 빠른 토끼가 4등을 합니다. 그 뒤를 이어서 용, 뱀, 말, 양, 원숭이, 닭, 개, 돼지가 들어오면서 1등부터 12등이 정해졌습니다. 이렇게 자축인묘 진사오미 신유술해子丑寅卯 辰巳午未 申酉戌亥의 순서가 고정되었습니다.

하나 더 재밌는 이야기가 있습니다. 옥황상제가 과제를 내릴 때, 고양이는 음식을 먹느라 이야기를 절반밖에 듣지 못했습니다. 그래서 쥐한테 물었습니다. "언제 아침에 오라는 거야?" 그랬더니 쥐가 이렇게 대답합니다. "응, 설날 이튿날." 고양이는 쥐의 말을 믿고 새해 이튿날 궁궐에 갔고 경주는 이미 끝난 뒤였습니다. 이 일로 인해서 고양이는 쥐를 철천지원수로 생각하기 시작했고 보는 족족 추적하면서 잡아먹었다고 합니다.

우리나라와 중국, 일본 등 동아시아권 국가에서는 사람이 태어난 해를 동물 띠로 구분합니다. 인도나 메소포타미아에서는 사람에게 적용하지는 않지만 방위方位나, 별자리를 가리키는 십이지支가 있습니다. 서양 점성술은, 사람이 태어난 기간을 따져서 모두 열두 가지입니다.

이것이 시작된 곳이 고대 문명 발상지 중 하나인 메소포타미아였습니다. 기원전 3000년경에 태양이 지구를 1년 동안 한 바퀴 돌면서 만드는 궤적을 황도라고 불렀습니다. 이후 황도 십이궁, 즉 태양이 1년 동안 움직인 열두 가지의 궤적에 별자리 십이 성좌를 만들고, 그 별자리를 점성술에 사용했던 것입니다.

인도에서도 열두 동물에 얽힌 설화가 많이 전해집니다. 인도는 불교의 발상지입니다. 그래서 열두 동물들이 천국의 수문장인 신화 속 동물로 나타나고 있습니다. 우리와 좀 다른 점은, 동물을 사람에게 적용하지 않고, 방위와 연월일을 나타내는 데에만 적용했다는 점입니다.

그래서 절에 가면, 여러 동물이 무기를 들고 갑옷을 입고 있는 모습을 볼 수 있습니다. 이 동물들은 약사여래를 모시는 열두 명의 호법신으로 십이약차대장입니다. 이 동물들은 석가모니가 약사불의 공덕을 말씀하는 것을 듣고 감동해서 약사불을 위해서 살 것을 다짐했다고 합니다. 쥐, 소를 비롯한 열두 동물의 얼굴에 사람의 몸통으로 보통 무장을 한 모습입니다.

옛날 왕들의 고분에도 이런 동물들이 나옵니다. 통일신라 시대 경주 원원사지 삼층석탑을 비롯한 진덕 왕릉, 김유신묘, 경덕왕릉 등을 지키는 호석護石에 십이지신상이 조각되어 있습니다. 고려나 조선 시대 능묘의 호석이나 현실玄室 내부의 벽화, 사찰의 불화, 민화, 토기, 목기 및 각종 장식물의 문양에도 십이지 그림이 많이 나오는데, 모두 불교의 영향 때문입니다.

이 동물들의 순서는 우리와 중국, 일본이 모두 똑같습니다. 반면에 몽골은, 열두 동물은 같지만 순서가 다릅니다. 쥐가 아니라 호랑이가 가장 먼저 등장하고 소로 끝납니다. 중국의 소수 민족 '이족'은 닭으로 시작해서 원숭이로 끝납니다.

그리고 태국의 띠는 우리와 순서가 같지만, 마지막이 돼지가 아니라 코끼리입니다. 일부 이족에는 개미 띠까지 있다고 합니다. 태국에는 코끼리가 많아서 그런 것일까요? 이러한 띠 동물은 나라나 민족의 문화적 배경에서 나온 것이라고 볼 수 있겠습니다.

13

낙타에 바늘귀가 아니고
밧줄과 바늘귀라고요?

청년실업자 100만 시대입니다. 그래서 대학을 졸업해도 안정적
인 직장에 취업하기란 하늘의 별 따기, 낙타 바늘귀 통과하기라
고들 합니다. 그런데 낙타보다 몸집이 큰 동물들도 많은데 왜 하
필 낙타가 바늘귀 통과하기라고 했을까요?

'낙타 바늘귀 통과하기'에서 바늘귀를 통과하는 것은 사실 낙타가 아
닙니다. 성경에 이런 말이 나옵니다. "약대가 바늘귀로 들어가기가
더 쉽다." 옛날에 이스라엘에서 사용한 언어가 아람어라서 성경도 아
람어로 쓰였는데, 이것을 영어로 번역하는 과정에서 오류가 있었습
니다. 아람어로 낙타는 Gamla. 이것과 철자 하나만 다른 Gamta는
밧줄입니다.

번역자가 아람어를 영어로 번역하는 과정에서 두 단어를 혼동했는
지, 밧줄을 낙타로 잘못 번역했습니다. 따라서 제대로 된 번역은 '부
자가 천국에 가는 것은 밧줄이 바늘귀에 들어가는 것보다 힘들다'입
니다.

번역이 잘못돼서 엉뚱하게 알고 있는 말들은 많습니다. 한국을 방문한 프란치스코 교황이 명동성당 미사에서 신약성경 구절을 인용하면서 "네게 죄지은 형제를 '일곱 번'이 아니라 '일흔일곱 번'이라도 용서하라."라는 말을 했는데, 가톨릭 성경에는 '일흔일곱 번'이라고 돼 있지만, 기독교 성경에는 '일흔 번씩 일곱 번'이라고 되어 있습니다.

이것도 라틴어 번역본 해석 차이에서 비롯됐는데, 라틴어 원본은 일곱 번씩 일흔 번까지라고 해도 되고, 일흔일곱 번까지라고 해도 된다고 합니다. 그런데 어느 쪽이든, '완전히, 끝까지'라는 뜻이기 때문에, 본래 의미의 차이는 없습니다. "Heaven helps those who help themselves."라는 서양 격언도 정확히 하자면 '하늘은 스스로 노력하는 자를 돕는다'라고 해야 맞습니다.

앨프레드 히치콕의 영화 〈북북서로 진로를 돌려라〉라는 영화의 원제는 〈North By Northwest〉입니다. 정확히 하면, '노스웨스트 항공기를 타고 북쪽으로' 라는 뜻인데, North가 두 번 나오고 west가 한번 나온다고, 북북서라고 오역한 것입니다. 우리나라에서 번역한 것이 아니고, 일본이 오역한 것을 우리가 그대로 받아들여서 〈북북서로 진로를 돌려라〉라는 영화가 탄생했습니다.

그리고 쿠엔틴 타란티노의 〈저수지의 개들〉이라는 작품도 '창고의 개자식들' 을 잘못 번역한 것입니다.

한번 잘못한 번역은
쉽게 고치지도 못하고,
참 오래갑니다.

14

닭보다 꿩이 맛있다?
꿩 대신 닭이란 속담이 생긴 이유

우리 속담에 '꿩 대신 닭'이라는 말이 있습니다. 꿩이 정말 닭보다 좋아서 생긴 말일까요? 요즘은 꿩을 보지도, 먹지도 못해서 그런 지, 잘 와 닿지 않습니다. 이 속담은 왜, 어떻게 해서 생겼을까요?

꿩은 주인공으로 등장하는 우화 소설 《장끼전》이 있을 만큼 우리 민족과 아주 친근한 새입니다. 꿩은 생김새가 닭하고 비슷하게 생기긴 했지만, 꼬리가 훨씬 더 깁니다. 또 깃털 색깔도 훨씬 더 화려합니다.

꿩은 예부터 좋은 음식으로 대접받았습니다. 꿩 요리는 《궁중의 궤》나 옛날 요리책에 단골로 등장했고 육류 식재료 중에서도 으뜸으로 꼽았습니다. 실제로 궁중 잔치나 임금의 생일, 각종 연회 등에 빠지지 않았고 꿩 조림, 꿩 구이, 전치수 등이 궁중 잔칫상에 올랐습니다.

특히 '전치수'는 온전할 전全, 꿩 치雉, 머리 수首로 꿩을 통째로 구워서 여러 마리를 쌓아 올리는 요리입니다. 전치 한 그릇에는 다섯 마리에서 열다섯 마리의 꿩이 필요했습니다. 꿩은 임금과 왕비의 생일이나 명절에 올리는 진상품이었습니다. 평소 수라상에는 겨울 찬으

로 구이나 조림이 오르거나 만두를 빚는 데 쓰였습니다. 또 궁중의 김치라고 할 수 있는 '생치과전지'가 있는데 이 김치는 맛있게 익은 오이지를 꿩고기 볶음과 함께 담아낸 음식입니다.

그때는 지금처럼 사육하지 못했기 때문에 산에서 날아다니는 꿩을 잡았습니다. 특히 꿩이 진상되고 종묘에 제사를 올릴 때는 가장 추운 11월부터 2월까지였습니다. 이때 함경도를 비롯한 경상도, 강원도 등지의 깊은 산에서 꿩을 잡아 올려야 했기 때문에 백성들의 고역이 매우 심했습니다. 실록을 보면 태종 때 농사철에는 산 꿩을 바치지 말라고 했고, 성종 때는 백성들이 사사로이 꿩을 잡는 것을 금하라 명령하기도 했습니다.

진상할 때는 날 꿩으로 올리기도 하고, 어린 꿩을 정초와 동지, 왕이나 왕비의 생일에 올리는데 이때 꿩을 말린 건치를 따로 올리기도 했습니다. 또 포를 떠서 말린 것을 치포, 또는 치육포라고 했습니다.

취향이 좀 다를 수는 있겠지만 꿩고기 맛이 닭고기보다는 월등히 좋다는 것이 대체적인 평입니다. 궁궐 잔칫상에 빠지지 않았던 것만

봐도 짐작할 수 있습니다. 민간에서도 꿩 김치뿐 아니라 맑은장국을 낼 때 꿩고기를 썼습니다.

명절 중의 명절인 설날에 먹는 음식은 여느 때보다 정성을 들여서 만들게 되는데, 이날 먹는 떡국에 꿩고기를 끓인 맑은장국을 사용했습니다. 왕에게 진상하긴 했지만, 일반 양반과 서민들도 꿩고기를 먹을 수는 있었습니다.

조선 시대 서울에 설치된 시장 육의전에서 식품을 파는 곳이 어물전이었는데 이곳에 꿩을 파는 가게가 따로 있었습니다. 하지만 맛이 좋고 인기가 높았기 때문에 값도 좀 나갔을 것입니다.

그래서 생긴 말이 바로 '꿩 대신 닭' 입니다. 떡국을 끓이는 데는 꿩고기가 좋지만, 따로 준비되지 않았을 때는, 그와 비슷한 닭고기로 국물을 내서 떡국을 끓였습니다. 그래서 꿩 대신 닭이라고 했던 것입니다.

더 알아보기

꿩과 관련된 다양한 속담

꿩 대신 닭이라는 속담 외에 '꿩 구워 먹은 소식', '꿩 구워 먹은 자리' 라는 속담도 있습니다. 이것도 꿩이 맛있어서 생긴 말입니다. 흔히 소식이 전혀 없을 때, 꿩 구워 먹은 소식이라고 하고, 아무런 흔적 없이 깨끗하게 치워 버린 곳을 꿩 구워 먹은 자리라고 합니다. 꿩고기를 이웃과 나눠 먹자니 너무 적은 양이고, 그렇다고 안 먹을 수는 없어서 소리소문없이 살짝 구워 먹고 흔적을 없애 버린 것입니다.

15

치약 끝에 표시된 세로줄이 치약의 성분을 나타낸다?

매일 쓰는 치약을 보면 아래에 세로줄이 굵게 그어져 있습니다. 검정, 빨강, 파랑 등등 치약마다 줄의 색이 다릅니다. 이 색깔이 치약에 들어간 화학물질이나 천연성분에 따라 다르게 표시된다는 말도 있고, 일종의 바코드라는 말도 있습니다. 이 줄의 색깔이 치약의 성분을 나타내는 것일까요?

SNS나 인터넷 블로그 등에 "치약 끝 부분에 표시된 세로줄이 검은색이면 100% 화학성분, 빨간색이면 화학성분과 천연성분의 혼합, 녹색이면 100% 천연성분이다."라는 내용이 돌아다니는데 사실이 아닙니다. 치약 용기 끝에 있는 굵은 줄은 아이 마크eye mark입니다.

화학 회사나 화장품 회사 등에서 튜브형 제품을 생산할 때는 뚜껑으로 먼저 입구를 포장한 상태에서 내용물을 넣습니다. 우리가 사용할 때와 반대입니다. 생산 공정이 튜브 뒷부분을 절단하고 밀봉하게 돼 있습니다. 그때 내용물을 넣고 밀봉하는 기계의 센서가 위치를 잘 읽고 작업할 수 있도록 정중앙을 맞춰주는 표시가 아이마크입니다.

아이마크는 치약뿐 아니라 클렌징, 선크림 같은 튜브형 제품에는 모두 다 표시 돼 있습니다. 제품별로 색깔이 다른 것은 특별한 이유가 있는 것이 아니고 해당 제품 배경과 다른 임의의 색깔을 쓰는 것뿐입니다. 예를 들어 디자인이 하얀색 치약이라면 까만 막대 줄로 표시한다거나, 빨간색 제품에는 하얀색 표시를 합니다. 각 회사 임의대로 색을 정하는데 검은색으로 돼 있는 제품이 가장 많습니다. 결국, 치약 성분과 관련 있다는 말은 일종의 괴담입니다.

> 인터넷이나 SNS를 통해서
> 정보가 빠르게 전달되는 것은 좋지만,
> 허황한 정보도 돌아다니기 때문에 잘 걸러 내고
> 확인하는 것도 필요할 것 같습니다.

SNS 괴담 어떤 것이 있을까요?

SNS를 통해 종종 돌아다니는 "긴급사항! 지금 막 미국에서 들어온 신종 전화사기입니다. 010-1234-5678로 걸려온 전화는 받지 마세요. 받자마자 125만 원이 차감되는 새로운 형태의 사기입니다. 주위 분들에게 알려주세요."와 같은 내용도 거짓된 정보입니다. 그 번호로 전화를 직접 걸어보면 당분간 착신이 금지된 전화라는 안내 멘트가 나옵니다. 금융감독원에서는 전화를 받는 것만으로 돈이 빠져나갈 수는 없다고 합니다.

"2015년 4월부터 교통위반 범칙금이 인상됩니다. 신호위반은 6만 원에서 12만 원으로, 주정차위반은 4만 원에서 8만 원으로…"라는 내용의 문자도 사실과는 다릅니다. 범칙금과 과태료가 인상되는 게 아니고, 적용 범위가 확대되는 것입니다. 어린이보호구역에서 주정차나, 속도위반, 신호위반으로 걸리면 범칙금, 과태료가 일반 도로의 두 배로 가중 처벌됩니다. 그런데 2015년부터는 노인보호구역, 장애인보호구역에서도 두 배로 가중 처벌되고, 4월부터 본격적으로 단속이 시작되는 것입니다. 그러니까 노인보호구역, 장애인보호구역에서만 과태료가 두 배가 되는 건데, 모든 도로에서 두 배가 되는 것처럼 퍼진 것입니다.

16

교회 십자가와 병원 십자 표시, 무슨 관계?

도로에서 급하게 달려가는 구급차나 병원에는 왜 십자 표시가 있을까요? 기독교와 관련이 있을까요?

11세기 말부터 13세기에 걸쳐서 유럽의 여러 나라가 이슬람교도들에게 점령당한 성지 예루살렘 탈환을 위해서 십자군을 조직해 대원정에 나섰던 것이 십자군 전쟁입니다. 이때 병사들뿐만 아니라 부상한 병사들을 치료하기 위한 대형 기사단, 간호단도 조직해서 함께 원정했습니다.

십자군원정대는 이름처럼 방패 등에 십자가표시를 해서 아군과 적군을 구별했는데 원정 중에 십자군이 점령했던 예루살렘에 성 라자로 교단이 한센병(나병) 구호 병원을 세웠습니다. 그리고 이때 병원을 상징하는 로고로 녹색의 십자 모양을 처음 사용했습니다.

사실 그때는 병원이라고 부를만한 곳이 거의 없었고 주로 수도원에서 병원의 기능을 담당했습니다. 그런데 수도원에는 모두 십자 표시가 있으니 이것이 점점 확대되었고, 그러면서 녹색 십자 표시

가 의료나 목숨을 구하는 일
을 상징하게 됐습니다. 그러
다가 나중에 국제표준화기구
ISO가 녹색 십자 모양을 구
급의 상징으로 정했고, 구급
차에도 십자 표시를 하게 됐
습니다.

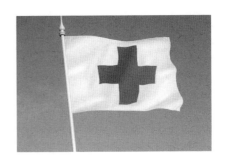

　십자를 생각하면 떠오르는 빨간 십자, 즉 적십자는 훨씬 뒤에 생겼
습니다. 스위스의 사업가 앙리 뒤낭이 1859년 통일전쟁이 한창 진행
중이던 이탈리아 솔페리노 지역을 사업차 방문했는데 전투에서 다치
고 버려진 수많은 병사와 사망자들을 보게 되었습니다.

　그래서 일단 앙리 뒤낭은 사업을 미루고 구호활동에 참가했는데 몇
년 뒤에 두 가지 제안을 합니다. 첫 번째는 전쟁 부상자들을 돕는 민간
인 자원봉사자 단체를 평화 시에 미리 만드는 것입니다. 그리고 두 번째
는 전시에 부상병들과 이들을 돕는 구급요원을 서로의 공격으로부터 보
호하도록 각국 정부가 미리 약속하자는 제안이었습니다. 그 약속을 지
키기 위해 세계 194개 나라가 서명한 제네바 협정이 만들어졌고 1863
년에는 부상병들을 치료하는 의무부대와 적십자의 자원봉사자를 식별
할 수 있는 엠블럼을 빨간색 십자, red cross로 정하게 되었습니다.

　빨간색 십자를 상징으로 쓴 이유는 여러 가지 설이 있지만 앙리 뒤
낭의 조국인 스위스 국기와 관련이 있다는 설이 가장 그럴듯합니다.
붉은색 바탕에 하얀색 십자가가 그려져 있는 스위스 국기의 붉은색

바탕은 예수의 피를 뜻하고, 하얀색 십자가는 그리스도의 십자가를 상징하는데, 십자가의 각 면은 똑같은 크기입니다.

적십자는 스위스 국기 색과 반대로 흰 바탕에 붉은색 십자로 돼 있습니다. 또 국제적십자는 옛날부터 전쟁터에서 항복의 표시로 흰 깃발을 흔들곤 했는데, 이 흰 깃발에 빨간 십자만 그려 넣으면 되니, 간편해서 더욱 좋다고 설명합니다.

그런데 전 세계 적십자사가 앙리 뒤낭이 만든 빨간 십자 로고를 쓰는 것은 아닙니다. 유럽이나 기독교도들은 십자가 모양을 좋아하지만, 이슬람교도들은 싫어합니다. 그래서 이슬람 국가들은 적십자운동에는 찬성하면서도 빨간 십자 로고를 쓰는 것에는 반대합니다.

이슬람의 큰형 격이던 오스만제국이 가장 먼저 이슬람 신앙의 상징인 초승달을 이용해서 빨간색 초승달을 만들었습니다. 한자어로 적신월赤新月, red crescent인데 이 로고를 19세기 말에 쓰기 시작했습니다. 이슬람 나라들은 거의 적신월을 씁니다. 국제적십자연맹에서도 이들의 의견을 받아들여 1929년에 초승달모양도 적십자의 공식상징으로 채택합니다.

그런데 병원에서 붉은색 십자를 쓰는 것은 거의 보지 못합니다. 국제적십자연맹 말고는 붉은색 십자를 쓰고 싶어도 쓸 수 없게 돼 있기 때문입니다. 단, 군대 의료 인력이나 장비, 전상자를 치료하는 치료 시설, 군목이나 종군 사제에는 예외적으로 붉은 십자 표시를 쓸 수 있습니다. 이 외에는 붉은 십자를 쓰면 안 되기 때문에 병원들은 거의 녹색으로 된 십자 표시를 합니다.

17

뇌물 하면 떠오르는 말, 사바사바

뉴스를 보면, 뇌물 비리 소식이 끊이지 않습니다. 과거에 많이 쓰던, '사바사바' 같은 말은 어디서 왔을까요?

사바사바는 "뒷거래를 통하여 떳떳하지 못하게 은밀히 일을 조작하는 짓을 속되게 이르는 말."로 1999년 국어사전에 등재되었습니다. 일본어라고 표기되어있고 예문으로는 "군납업자는 사바사바를 통해 썩은 된장을 군에 납품한다."가 있습니다.

일본어로 사바사바さばさば는 '마음이 개운한 모양. 후련히, 홀가분하게' 라는 뜻과 '(성격·거동 등에 구애됨이 없이) 트이고 시원한 모양. 시원시원, 선선히, 서글서글하다' 라는 뜻이고, 뇌물이나 뒷거래 같은 부정적인 뜻은 없습니다.

사바사바라는 말이 어디서 왔는지에 대한 몇 가지 설이 있습니다. 첫째는 고등어와 관련이 있습니다. 일본말로 고등어를 사바さば,鯖라고 하는데, 우리도 그렇지만 일본사람들도 고등어를 아주 좋아합니다. 과거 일제 강점기 때, 일본 순사에게 청탁하려면 뇌물을 줘야 했

는데, 그 뇌물로 고등어가 안성맞춤이었습니다. 뇌물로 고등어 한 마리는 적은 양이었기 때문에 두 마리를 가져가서 사바사바라는 말이 나왔다고 합니다. 고등어를 내밀면 일본 순사가 "아! 사바사바" 즉, "고등어, 고등어."라며 반겼는데, 여기서 사바사바가 유래했다는 것입니다. 이렇게 일제 강점기에 생긴 속어가, 부패가 심했던 1950년대에 크게 유행하면서 널리 퍼지게 됐다고 합니다.

두 번째 설은 일본말로 사바오 요무さばおよむ라는 말이 있습니다. '고등어를 세다'라는 뜻인데, 시장에서 고등어를 셀 때 빠르게 세는 척 하면서 그 마릿수를 속인다는 관용어입니다. 여기서 사바만 떼서 사바사바라 했다는 설입니다.

세 번째 설은 불교와 관련이 있습니다. 불교에서 사바는 '속세', '괴로움이 많은 인간 세상'을 가리킵니다. 속세에는 옳지 못한 수단과 방법, 조작된 일들이 난무하기 때문에, 사바사바라는 말로 속세의 부정적인 면을 표현하게 됐습니다.

이규보 선생이 지은 글에도 '와이로' 가?

와이로는 일본 한자어인데, 우리말로 읽으면 회뢰賄賂, 일본어로 읽으면 와이로 わいろ입니다. 뜻은 '뇌물을 주고받음, 또는 그 뇌물' 입니다. 즉, 뇌물의 일본말입니다. 와이로는 고려 시대의 문인 이규보 선생이 지은 글에서도 나온다는 이야기가 있습니다.

어느 날 까마귀가 백로 선생을 심판으로 삼고 꾀꼬리에게 노래 대결을 제안합니다. 이 제안에 꾀꼬리는 열심히 연습합니다. 그런데 까마귀는 연습은 안 하고 개구리를 잡아서 백로에게 갖다 바쳤습니다. 노래 대결 당일, 백로는 개구리를 바친 까마귀의 손을 들어주었습니다.

이 이야기를 하면서 이규보 선생이 "와이로蛙利鷺 / 유아무와 인생지한有我無蛙人生之恨"이라는 글을 집 대문에 붙여놓았다고 합니다. 와이로(백로를 이롭게 하는 개구리). 유아무와 인생지한(내게는 개구리가 없는 게 한이구나). 이 글은 SNS와 인터넷 등에서 번진 글인데, 네티즌들이 그럴듯하게 꾸며낸 말입니다.

> 요즘도
> 개구리를 갖다 바치는 까마귀들이나,
> 개구리를 줄 때만 그 대가로
> 일을 주는 백로들이 너무 많아서
> 이런 글이 퍼진 것 같습니다.

18

졸업식 노래,
언제부터 불렀을까요?

옛날에 졸업식장에서 울면서 불렀던 〈졸업식 노래〉기억하십니까? 이 졸업식 노래는 언제부터 부르기 시작했을까요?

졸업식 노래는 동시 〈반달〉로 유명한 윤석중 선생이 작사를, 동요 〈짝짜꿍〉을 만든 정순철 선생이 작곡한 노래입니다. 노래를 만든 때가 1946년, 광복의 여운이 채 가시지 않은 때였습니다. 1946년 6월 5일 윤석중 선생이 문교부 편수국장으로부터 급한 호출을 받고 간 자리에서 각급, 학교에서 사용할 졸업식 노래를 만들어달라는 부탁을 받았습니다. 부탁을 받자마자 곧바로 정순철 선생을 찾아가 함께 작업해서 만든 노래가 바로 〈졸업식 노래〉입니다.

정순철 선생은 그동안 잘 알려지지 않았는데, 6·25전쟁 당시 납북됐기 때문입니다. 〈졸업식 노래〉는 1920년대부터 수많은 동요창작을 해오던 정순철 선생의 마지막 작품이기도 합니다. 선생이 태어난 충북 옥천군은 2012년 정순철 노래비를 세우고 업적을 기리고 있습니다.

더 알아보기

학위복과 학사모

학위복은 중세 수도사들의 예복에서 비롯되었습니다. 학위복의 역사는 중세 대학의 역사와 궤를 같이합니다. 중세 대학이 12세기경 성당 학교에서 시작되었기 때문에 당시 대학에서는 성직자들이 외출복으로 입던 옷을 교복으로 입었습니다. 시간이 흐르면서 시대 분위기를 반영하여 조금씩 모양이 달라졌는데, 그게 바로 우리가 보는 학위복입니다.

사각모를 쓰게 된 건 1893년 프린스턴대학 이사인 존 제임스가 만든 규약에 의해서입니다. 그는 당시 군인생활에서 얻은 경험을 토대로 학사복 규정을 만들었습니다. 가운과 후드 그리고 모자의 디자인에서부터 옷감, 색, 장식물 규칙까지 모두 정해놓았습니다. 우리나라에 학위복이 들어오게 된 건, 제중원 제1회 졸업식이 열린 1908년입니다. 이때 처음으로 학위복을 입었고, 검은색 술이 달린 검은 사각모도 썼습니다.

노래가 만들어진 것도 그렇지만, 배포도 순식간이었습니다. 6월 5일에 만들고, 다음날인 6월 6일에 초등학교에 먼저 배포되었습니다. 그로부터 13일 후, 1946년 6월 19일 남녀 중고등학교 졸업가도 제정해서 배포했지만 생명력이 길지 못했습니다. 가사가 와 닿지 않는다는 이유로 잘 부르지 않았기 때문입니다.

일제강점기 시절에 부르던 졸업식 노래는 〈반딧불〉이라는 스코틀랜드의 민요곡에 가사만 바꾼 번안곡이었습니다. 하루빨리 우리가 작사, 작곡한 노래를 불러야 한다는 간절한 마음에서 황급히 졸업식 노래를 만들자고 했던 것이 아닐까요?

졸업식 노래는 그 이후로 70년 가까이, 해마다 2월이면 전국적으로 부르게 됩니다. 그리고 노래 가사 중에 "꽃다발을 선사합니다."라는 구절 때문에 졸업식에서 꽃다발을 선사하는 풍습이 생겼다고 합니다.

19

연인의 징표였던
넥타이

> 직장인들이 갈수록 넥타이를 덜 매기는 하지만, 그래도 남자들에게는 가장 기본적인 예의를 표시하는 패션 소품입니다. 넥타이는 맨 사람의 멋과 취향, 성격을 대변하는 기능도 합니다. 그렇다면 넥타이는 언제부터 매기 시작했을까요?

넥타이의 기원이라고 할 수 있는 형태가 등장한 것은 17세기입니다. 당시 프랑스와 영국이 주축인 연합군이 오스만제국과 전쟁을 벌여서 힘겹게 물리치고, 파리에서 승전 축하 행사를 했는데 여기에 연합군의 일원이었던 크로아티아 병사들도 참가했습니다.

이때 크로아티아 병사들은 목에 화려한 스카프 같은 것을 두르고 있었고 이걸 본 프랑스의 루이 14세가 신하에게 물어보았습니다. "이봐, 저게 뭔가?" 그런데 그 신하는 병사들을 묻는 줄 알고 "네, 크로아뜨Croat입니다."라고 합니다. 크로아뜨 즉, 크로아티아인이라고 대답했는데, 루이 14세는 "아하~ 저걸 크로아뜨라고 부르는군!" 했던 것입니다.

크로아티아 병사들이 목에 두른 것은 병사의 아내나 애인들이 무사귀환을 기원하면서 목에 걸어주었던 일종의 징표로 네모난 천이었습니다. 크라바트가 마음에 든 루이 14세가 몸소 착용하기 시작했을 뿐 아니라, 왕실의 기장으로 삼았고 왕실에 크라바트군을 창설하기까지 했습니다.

그러자 곧바로 귀족들에게 유행으로 번져나갔고 크라바트를 풍성하게 맬수록 멋이 있다고 생각해서, 더욱 두껍게 감게 되었습니다. 지금도 프랑스에서는 넥타이를 크라바트라고 부르고 있습니다. 이것이 영국으로 넘어가면서부터 지금 우리가 매는 넥타이가 시작됩니다.

19세기 초반 영국의 조지 브루멜은 평민 출신이었지만 귀족보다 더 귀족다운 외모와 몸가짐으로, 당시 패션 리더였습니다. 이 사람이 크라바트를 지금의 넥타이 형태로 만들었고 "신사의 의복은 도를 넘어서는 안 된다."는 기준을 내세우면서, 넥타이 매는 것에 가장 큰 신경을 썼습니다.

조지 브루멜이 넥타이를 가지고, 다양하고 독창적인 매듭을 만들었는데 이것이 지금까지도 우리가 활용하고 있는 넥타이 매듭의 효시가 되었습니다. 당시 사람들은 넥타이 묶는 방식을 배우기 위해 줄을 서서 기다리고, 막대한 사례금을 지급했을 정도였다고 합니다. 일종의 저작권을 받은 셈입니다.

이 길쭉한 넥타이를 영어로 포 인 핸드 타이라고 하는데, four in

hand는 4두 마차, 즉 말 네 필이 끄는 마차라는 뜻입니다. 넥타이가 처음에는 이 마차를 모는 마부들 사이에 유행하다가 퍼졌고 또 넥타이 매듭 부분에서 아래 끝까지의 기장이 주먹 네 개여야 한다는 뜻에서 포 인 핸드 타이라는 이름이 붙었다고 합니다.

나비넥타이도 19세기에 유럽에서 시작되었지만 미국에서 본격적으로 퍼졌습니다. 링컨대통령, 발명왕 에디슨, 물리학자 아인슈타인이 애용했습니다. 이들의 초상화나 사진을 보면 모두 나비넥타이를 하고 있는 것을 볼 수 있습니다. 특히 링컨 대통령은 변호사 시절부터 연미복에 수염을 하고 나비넥타이를 즐겨 맸습니다. 당시의 사진이나 그림을 보면, 일반 미국인의 모습을 표현한 엉클 샘도 높은 모자에 턱수염, 그리고 나비넥타이를 매고 있습니다. 그리고 20세기 들어 가수 프랭크 시내트라가 나비넥타이를 매면서 나비넥타이는 선풍적인 인기를 끌게 되었습니다.

더 알아보기

남자들이 넥타이를 매는 이유

남자들이 넥타이를 매는 이유는 화가 머리끝까지 올라가지 못하도록 막아주기 때문이라고 말하곤 합니다. 직장생활을 하면서 화가 나더라도 넥타이를 고쳐 매면서 참는다는 우스갯소리입니다. 그런데 실제로 넥타이는 약간 헐겁게 매는 것이 좋습니다. 넥타이를 너무 꽉 조이면 목에서 뇌로 오가는 혈액순환이 원활하지 않아서 뇌졸중이나 녹내장 위험이 커질 수 있다고 합니다.

20

아령이 교회 종에서 출발했다?

> 헬스장에서 근육을 만들기 위해 아령으로 운동하는 경우가 많습니다. 또 굳이 헬스장에 가지 않더라도, 집에서 아령을 드는 분들도 많습니다. 그런데 아령이 교회 종에서 시작되었다는 말이 있습니다. 과연 신빙성 있는 말일까요?

우리가 아령이라고 부르는 운동기구를 서양에서는 덤벨이라고 합니다. 또 아령보다 훨씬 더 길고 무거운 역기는 바벨이라고 합니다. 아령, 덤벨, 바벨은 종이나 초인종을 뜻하는 벨bell이 들어가고, 아령의 령鈴자도 방울 령鈴자입니다. 결론적으로 아령, 덤벨, 바벨은 종과 관련이 있습니다.

서양의 종과 동양의 종은, 소리를 내는 기능은 같지만 구조와 방식이 완전히 다릅니다. 우리나라의 보신각종처럼, 동양의 종은 바깥쪽을 쳐서 소리를 냅니다. 반면에 서양종은 안에 달린 추가 안쪽을 때려서 소리를 냅니다.

서양종은 소리를 내는 방식이 두 가지입니다. 핸드벨처럼 작은 종은 손으로 흔들어 소리를 내고, 큰 종은 대성당 종탑에 걸고 아래에서 줄을 잡아당겨서 추가 안쪽 벽에 부딪히게 하는 방식으로 소리를 냅니다.

종과 아령의 연관성에는 두 가지 설이 있습니다. 첫째는 노트르담의 종지기 콰지모토 처럼 종을 치는 일꾼들이 힘을 많이 써야 했기 때문에, 평소에 종을 들고 운동을 하곤 했던 것에서 시작됐다는 설입니다.

또 다른 하나는, 중세 15~16세기의 기사들이 체력을 단련하고 몸을 가꾸기 위해서 운동을 했는데, 체력 단련 기구로 주목한 것이 바로 이 교회 종이었다는 것입니다. 하지만 시간을 알려주는 역할을 하는 종을 시도 때도 없이 칠 수는 없었기 때문에 종에서 추를 없앤 후 벨만 들고 운동을 하거나 종은 없애고 둥근 쇠로 만든 추만 들고 운동을 했다고 합니다.

그러다가 추의 반대쪽에 둥근 쇠공을 붙여서 현재 우리가 보는 형태의 아령이 됐다는 것입니다. 그래서 이름도 벨은 벨인데 말을 못하는 벨이라는 뜻으로 덤벨dumb bell이 되었습니다.

덤벨을 가리키는 우리말 아령도 영어 덤벨을 한자어로 옮긴 것입니다. '아' 자가 말을 못한다는 벙어리 아啞자고, 여기에 방울 령鈴자를 붙여서 벙어리 방울이라는 의미입니다. 바벨도 벨 두 개를 양쪽에 놓고, 그 사이에 바bar(긴 막대기)를 끼워서 바벨bar bell이 되었습니다.

21

교복은
누가 제일 먼저 입었나요?

3월이 되면 새 교복을 입고 입학하는 학생들이 참 많습니다. 옛날에는 교복이 거의 다 비슷비슷했는데, 요즘에는 학교마다 디자인이 다릅니다. 그래도 학생들은 바지를 줄여 입고, 치마를 올려 입는 등 이리저리 다르게 입는 것은 예전과 다르지 않습니다. 중고등학교 시절을 대표하는 상징물인 교복은 언제부터, 어떻게 입기 시작했을까요?

서양식 교복은 1800년대 후반에 등장했지만, 우리식 교복으로 따지면 역사가 훨씬 더 오래되었습니다. 조선 시대 최고의 국립 고등교육 기관인 성균관 유생들은 모두 흰 두루마기 위에 전복을 걸치고, 유건이라고 부르는 모자를 썼습니다.

근대식 교복이 처음 등장한 곳은 1886년 이화학당입니다. 러시아제 붉은 목면으로 만든 치마저고리 형태였고, 당시에는 치마저고리를 각각 다른 색으로 입는 것이 전통이었는데 이 교복은 상하가 모두 붉은색이었습니다.

당시 집을 떠나서 기숙사 생활에 익숙하지 않던 여학생들이 밤이면 몰래 기숙사를 빠져나가곤 했는데, 그때 쉽게 눈에 띄도록 색깔을 택했다고 합니다. 모두 흰옷을 입던 시절이었기 때문에, 붉은 한복을 입은 여학생들은 홍둥이라고 부르면서 호기심의 대상이었습니다.

최초로 양장 교복이 등장한 것은 거의 20년 뒤인 1907년입니다. 숙명 여학교 교복이었는데, 자주색 모직 옷감의 원피스에 분홍색 안을 댄 보닛 모자를 쓰고, 구두를 신은 유럽식 스타일이었습니다. 당시 개량된 한복 스타일 교복보다 더 참신하고 눈에 띄었습니다. 하지만 시대를 앞서간 혁신적인 변화로 사회에서는 크게 호응을 얻지 못했습니다. 결국, 3년 뒤에 자주색 치마저고리의 한복으로 교체되었습니다.

남학생 교복은 1898년 배재학당에서 처음 등장했습니다. 미국인 선교사 아펜젤러가 일본 학생복과 비슷하게 소매 끝과 바지 솔기, 모자에 청, 홍선을 두른 당복堂服을 입히면서 시작되었습니다.

그런데 이런 남학생 교복은 일제 강점기 때 만든, 아주 딱딱한 형태의 교복으로 변하게 됩니다. 의상 연구자들은 이 교복이 군국주의의 엄격한 규율과 질서, 국가관 등을 상징했다고 합니다. 이 형태는

1980년대까지 이어지는데, 영화 〈친구〉에서 주인공들이 입었던 까만 남학생 교복 형태가 바로 이것입니다.

여학생 교복은 1930년대 들어서 블라우스, 스웨터, 주름치마, 세일러복, 타이, 모자 등이 등장했고 이 중에서도 세일러복sailor suit을 가장 많이 입었습니다.

그런데 일제가 전시체제를 강화하면서부터는 여학생 교복도 모두 전쟁 수행에 맞는 형태로 바뀝니다. 그래서 일본 여성들의 노동복인 몸뻬를 여학생 교복으로 채택했고 남학생은 국방색의 국민복을 착용하도록 했습니다. 해방된 이후에는 학교가 자율적으로 여학생 교복을 디자인했고, 남학생은 기존의 형태가 계속 이어졌습니다.

최근에는 교복이 브랜드화되면서 가격이 너무 비싸고 부담스럽다는 목소리가 나오고 있습니다. 그래서 학교에서 공동구매를 하거나, 교복 물려 주기, 중고 교복 장터 등을 시행하기도 합니다. 그러나 입학 철이나 새 학기가 시작될 때마다 한숨을 내쉬는 부모들이 여전히 많은 것이 현실입니다. 교복 모델로 아이돌 스타를 내세우며 광고를 하다 보니 교복값이 오르기도 하고 업체들이 담합을 하다가 적발되는 경우도 있습니다. 교복을 사 입힐 수밖에 없는 부모님들 생각해서 이런 일 만큼은 없도록 만들어야겠습니다.

그러다가 1983년 전두환 정권 시절, 중고등학생들이 교복 대신 자유로운 복장을 할 수 있도록 교복 자율화를 시행했습니다. 교복 자율화는 긍정적 평가를 받기도 했지만, 가계 부담이 증가하고, 학생들 간에 소비 경쟁이 심해지는 등 부작용이 만만치 않다는 평가를 받았습니다. 그래서 1980년대 말에 다시 교복을 입게 되었는데 이때부터는 학교의 자율에 맡긴 교복을 입게 되었습니다.

더 알아보기

외국에서는 교복을 언제부터 입기 시작했을까?

프랑스의 나폴레옹 1세가 유사시 학생들을 군인으로 활용하기 위해 군사훈련을 시키면서 입혔다는 설이 있습니다. 또 19세기 초 영국 이튼스쿨에서 입었던 교복을 최초로 보는 시각도 있습니다. 현재는 일본을 비롯하여 중국, 대만, 베트남, 태국, 영국, 중남미 학생들이 교복을 입고 있습니다.

22

2cm²안에 문서부터 동영상까지! QR코드, 누구냐 넌?

요즘 버스 정류장의 광고판을 보면 정사각형의 불규칙한 마크가 하나씩 들어있는 것을 볼 수 있습니다. 바로 QR코드입니다. 이것으로 명함을 만들어 사용하기도 하고, 결제서비스를 이용할 수 있게 하거나, 각종 할인 쿠폰을 만드는 등 기업들의 다양한 프로모션들을 제공하기도 합니다. 스마트폰 보급과 함께 빠르게 퍼지고 있는 QR코드! 어떻게 검은 띠와 점, 선으로 이뤄진 사각 칸에 정보를 모두 담을 수 있는 걸까요?

QR은 Quick Response의 약자입니다. 우리말로는 빠른 응답인데, 1994년 덴소웨이브라는 일본 회사가 개발했습니다. 고맙게도 이 회사가 특허권을 행사하지 않겠다고 선언했기 때문에 세계 어디서나, 누구든지 자유롭게 사용할 수 있습니다. 까만 막대기 모양이 줄줄이 그려져 있는 바코드보다 진일보한 코드가 QR코드입니다.

바코드는 기본적으로 담을 수 있는 정보가 매우 적습니다. 바코드를 보면, 가로 배열에 숫자가 있고 최대 20개 정도의 숫자 정보만 넣을 수

있습니다. 그래서 상품명이나 가격,
제조회사 같은 아주 기본적인 정보를
담아서, 계산이나 상품 확인, 재고관
리 정도에만 사용하고 있습니다.

　그리고 바코드는 읽을 수 있는 전
용단말기가 필요해서 소비자들은 바
코드에 담긴 정보를 알 수 없습니다.
그런데 QR코드는 2차원으로, 가로와 세로를 활용해서 숫자 최대
7,089자, 문자 최대 4,296자, 한자는 최대 1,817자까지 넣을 수 있습
니다. 그리고 사진, 동영상, 인터넷 주소 등 다양한 정보를 담을 수 있
습니다. 무엇보다 스마트폰과 앱만 있으면 누구나 그 안에 담긴 정보
를 확인할 수 있습니다.

　많은 정보를 작은 QR코드 공간에 모두 담을 수 있는 이유는 가로,
세로 양방향으로 정보를 표현하기 때문입니다. 바코드와 같은 정보
량을 10분의 1 정도의 크기로 표시할 수 있는데 숫자는 약 7,000자,
문자는 약 4,300자 이내에서 표현할 수 있는 텍스트 정보나 데이터는
그냥 QR코드로 변환하고, 그 이상의 정보나 사진, 동영상은 URL(인
터넷 주소)을 링크시키는 방식입니다.

　QR코드의 취약점은 바로 보안입니다. QR코드는 바코드에 비해서
많은 정보를 담을 수 있지만, 이점을 악용하여 QR코드에 악성코드나
유해사이트 주소를 담을 수도 있기 때문입니다. 그래서 검증된 곳이
나 기업에서 제공하는 QR코드가 아닌 경우에는 조심하는 것이 좋습

니다.

QR코드는 누구나 쉽게 만들 수 있습니다. 포털사이트에 들어가서 'QR코드 만들기'를 검색하면 무료 제작 사이트를 쉽게 찾을 수 있습니다. 포털 사이트들도 QR코드 제작 서비스를 제공하고 있습니다. 양식대로, 원하는 내용의 정보들을 담은 후에 QR코드 생성 버튼을 클릭하기만 하면, 저장한 정보가 스마트폰에 모바일 페이지 규격에 맞춰 출력됩니다.

QR코드를 가장 많이 쓰는 곳은 광고입니다. 소비자에게 제품이나 기업에 대해서 알릴 것은 많은데, 광고 지면이나 공간은 한정되어있기 마련입니다. 그래서 QR코드를 신문광고나 전단 등에 삽입해서 더 많은 정보를 제공하고 있습니다. QR코드를 활용하면 한 장의 그림이나 몇 글자만으로 광고해야 하는 내용을 여러 장의 사진이나 동영상 등을 이용해 홍보할 수 있어 좋습니다.

이 외에 할인 쿠폰 용도로도 QR코드가 사용되고 있습니다. 백화점이나 대형마트에서 소비자를 유인하기 위해서 집으로 여러 장의 할인쿠폰을 보내주곤 합니다. 여러 장의 종이 쿠폰 대신에 종이 한 장에 QR코드를 인쇄해서 할인 용도는 물론이고, 다양한 프로모션을 제공하기도 합니다. 또한, 은행이나 신용카드회사에서는 QR카드를 활용하여 결제서비스까지 가능하도록 하고 있습니다.

23

다이아몬드와
금의 캐럿은 다르다

보석 중의 보석, 다이아몬드! 과거에는 왕이나 귀족의 전유물이었지만 지금은 대중화되어 결혼식 예물로도 쓰입니다. 하지만 분쟁의 원인이 되고, 많은 사람이 다이아몬드 때문에 죽어가고 있어서 피 묻은 다이아몬드로 부르기도 합니다. 이러한 다이아몬드는 크기를 나타낼 때 '캐럿ct'이라고 하는데, 흔히 말하는 1부, 2부와 어떤 차이가 있고, 또 등급은 어떻게 매길까요?

다이아몬드가 보석 중의 보석으로 자리 잡은 것은 17세기 말 이탈리아에서 브릴리언트 컷 연마방법이 알려진 이후부터입니다. 브릴리언트 컷은 다이아몬드의 반짝거림을 최대한 끌어내기 위해서 58면체의 다각으로 연마하는 방법입니다. 삼각형 또는 서양 연 모양의 면이 중심점에서 퍼져나가는 모습인데, 이 연마법이 개발되면서 인기를 끌기 시작했습니다. 이후 19세기 후반에 남아프리카공화국에서 대규모 다이아몬드 광산이 발견되면서 널리 보급되기 시작했습니다.

캐럿carat은 다이아몬드의 무게를 나타내는 단위입니다. 이 단위는 캐럽나무의 씨앗에서 유래하는데 지중해와 남부 유럽, 북아프리카 등지에서 자라는 캐럽나무 씨앗들은 무게가 전부 0.2g으로 똑같습니다. 그래서 초창기 다이아몬드 생산자와 상인들이 다이아몬드의 기본 단위를 1캐럿ct=0.2g이라고 했습니다. 그래서 2ct은 0.4g이고, 5ct은 1g인 셈입니다.

그런데 순금을 나타내는 단위도 캐럿입니다. 발음은 같지만 다른 단위이고, 철자도 다릅니다. 금 단위를 나타내는 캐럿은 영어로 Karat이고, 24K, 18K, 14K할 때의 K가 Karat의 K입니다. 무게를 나타내는 다이아몬드 캐럿과는 달리, 금의 캐럿 K는 순도를 나타냅니다. 금은 24K가 18K보다 더 무르고 가격이 높은데, 순도 차이 때문입니다. 순도 99.99% 금일 때는 24K, 금이 75% 순도일 때가 18K, 금이 약 60%의 순도일 때 14K로 표시합니다.

다이아몬드에서 말하는 부는 캐럿의 10%, 즉 10분의 1을 말합니다. 그러니까 0.5ct짜리 다이아몬드라면 5부 다이아몬드가 되는 것이고 1.45ct짜리 다이아몬드라면 1ct 4부 5리 다이아몬드인 것입니다. 평, 돈, 되, 근처럼 '부'도 이제는 쓰면 안 되는 단위인데, 워낙 관습적으로 쓰다 보니 1부 다이아, 5부 다이아라고 씁니다.

또 다이아몬드의 가치를 평가하는 '4C'가 있습니다. 4C란 색상 Color, 투명도 Clarity, 무게 Carat, 연마 Cut입니다. 이 네 가지 C에 의해 가치가 결정됩니다. 다이아몬드는 포함된 불순물에 의해 색상이 표현되는데 가장 흔한 불순물인 질소가 포함되면 노란색, 붕소가

함유되면 청색을 띱니다. 화이트 다이아몬드는 무색에 가까울수록 빛이 잘 투과돼서, 무지갯빛을 나타낼 수 있습니다. 그래서 더 가치 있는 것으로 평가되고, 무색을 중심으로 색 등급이 형성됩니다. 무색에 가장 가까운 것을 DIAMOND의 첫 글자인 D를 따서 D라고 표기하고, 색이 짙어질수록 E, F, G H…Z까지 표기합니다. 그리고 짙은 색 다이아몬드는 팬시fancy 다이아몬드라 하며 별도로 평가합니다.

24

불꽃놀이는
언제부터 했을까?

> 가을이 되면 곳곳에서 불꽃놀이 축제가 많이 벌어집니다. 한강에서는 세계 불꽃축제가 열리고, 2014년 인천 아시안게임 폐막식에서도 불꽃놀이가 펼쳐졌는데 불꽃놀이는 언제부터 시작했을까요?

불꽃놀이는 중국에서 가장 많이 하고 영국, 일본도 많이 합니다. 미국도 독립기념일을 불꽃의 날이라고 할 정도로 폭죽을 엄청나게 터뜨립니다. 폭죽제조업체들은 이날 하루 매상으로 1년을 버틴다고 합니다.

아름다운 불꽃을 만들어내는 것은 폭죽입니다. 그런데 화약으로 터지는 폭죽이 개발되기 전에도 사람들은 불꽃을 즐겼습니다. 바로 불을 피워 올리는 봉화입니다. 기원전 중국을 통일한 진시황제가 만리장성을 쌓았고 통신수단으로 봉화대를 세웠는데, 이 봉화대가 화약의 원료인 초석을 썼다고 합니다. 중국에서는 정월 초하룻날 첫닭이 울면 마당에서 폭죽을 터뜨려서 악귀를 쫓는 세시풍속이 있었고,

우리나라에서도 정월의 들판에 불을 놓아 쥐를 쫓고 해충을 태우기 위해서 쥐불놀이를 했습니다.

대나무 통에 화약을 넣고 불을 붙여서 하늘로 쏘아 올리는 폭죽이 시작된 것은 중국 송나라 때로 보고 있습니다. 1200년경 기록에, 당시 저잣거리에서 폭죽을 터뜨려서 귀족과 서민들이 즐겼다는 기록이 있습니다. 또 폭죽을 터뜨리는데 너무 많은 국고를 탕진했다고 비판하는 기록도 남아있습니다.

그런데 중국 요리 때문에 폭죽이 생긴 것이라는 재미난 이야기가 있습니다. 한 중국 요리사가 주방에서 여러 종류의 음식 재료들을 섞던 중에 폭발해서 불꽃이 무수하게 쏟아졌다는 것입니다. 중국요리는 기름을 많이 넣고 볶습니다. 그리고 화약의 원료가 되는 초석이 질산칼륨인데, 음식 절일 때 이용했다고 합니다. 초석과 불 화력을 좋게 하는 데 쓰인 황이 서로 섞여서 불꽃을 만들어낸 것입니다. 10세기경에 그런 일이 있었던 이후에 폭약과 폭죽이 자연스럽게 개발되고, 사람들이 폭죽을 터뜨려서 불꽃놀이를 즐기게 된 것입니다.

우리나라의 경우에는 불꽃놀이 기술이 아주 발달해서 중국, 일본 사람들을 깜짝 놀라게 할 정도였습니다. 고려 말 발명가 최무선이 화약을 개발합니다. 이때가 1376년입니다. 화약을 제조해서 왜구를 물리쳤고, 화약제조법도 날로 좋아졌습니다. 그런데 조선건국 후에는 화약을 쓸 일이 별로 없었습니다. 그때 생각한 것이 바로 불꽃놀이였습니다. 우리 실력을 변방의 오랑캐와 왜구들에게 보여주자는 취지였습니다.

〈신기전〉이라는 영화를 보면, 우리의 로켓 기술이 엄청난 것을 확인할 수 있습니다. 그 신기전이 요즘으로 치면 다연발 로켓포입니다. 화약이 연소할 때 화약통이 터지지 않고 오래도록 날아갈 수 있게 만드는 것이 가장 중요합니다.

　신기전 기술을 응용한 불꽃놀이가 얼마나 좋았던지, 명나라 사신들이 우리나라에 올 때마다 불꽃놀이를 보여 달라고 조를 정도였습니다. 일본 사신들은 그걸 보고 얼마나 놀랐던지, "이것은 인력으로 하는 게 아니고, 천신이 시켜서 그런 것이다."라고 얘기를 했답니다. 또 왕들도 불꽃놀이를 좋아했는데, 특히 성종 임금은 여러 신하가 말렸는데도 불구하고 불꽃놀이를 즐겼다는 내용이 조선왕조실록에 나옵니다.

　이처럼 하늘에서 화려하게 터지는 불꽃은 질산칼륨과 황, 숯 등으로 만든 화약과 별星이라고 부르는, 발연제와 색화제 등을 넣어서 제조한 물질로 만들어냅니다. 이 별은 심이 되는 무명씨(목화씨)에 여러 화학제가 혼합된 화약을 입혀서 만드는데, 원하는 크기가 될 때까지 여러 번 화약을 묻히고 건조하는 과정을 반복하여 만듭니다.

　형형색색의 색깔은 화약과 금속원소 등 여러 가지 배합제가 불꽃과 연소반응을 일으키기 때문입니다. 칼슘을 넣으면 주황색 불꽃이, 바륨을 많이 넣으면 녹색, 칼륨을 사용하면 보라색 불꽃이 만들어집니다.

25

주민등록상의 나이를 바꿀 수 있나

옛날에는 낳은 지 1년 후에 출생신고를 하는 경우가 많았습니다. 또 신고해야 한다는 사실 자체를 모르는 부모님들도 꽤 있어서 주민등록상 생년월일이 잘못돼 있는 경우가 많았습니다. 그렇다 보니, 주민등록상의 생년월일을 정정하려는 분들이 늘고 있습니다.

흥미로운 것은 경제사정이 좋지 않을수록, 기업에서 구조조정, 명예퇴직과 같은 소리가 들릴수록 생년월일을 바로 잡으려는 사람들이 늘어난다는 점입니다. 주민등록상의 잘못된 나이, 어떻게 바꿀 수 있을까요?

2008년부터 호주제도가 폐지되고 호적을 대체하는 가족관계등록부가 생겼습니다. 국민 개인의 출생, 혼인, 사망 등 가족관계를 증명하기 위한 목적에서 만들어졌습니다. 만약 생년월일이 실제로 다르다면 호적 정정이 아니라 가족관계등록부를 고쳐야 합니다. 가족관계등록부에 잘못 기재된 내용을 정정하기 위해서는 먼저 법원의 판단을 받아야 합니다. 현재 본인이 거주하는 주소지의 법원이 아니라, 호적이 등록된 등록 기준지를 담당하는 가정법원의 허가를 받아야 합니다. 누구나 신청할 수는 있지만, 정확한 증빙 서류와 증빙 자료가 있어야만 정정할 수 있습니다.

가족관계등록부를 정정하려면 일단 가정법원에 가기 전에 서류를 준비해야 합니다. 인터넷이나 주민센터에 가서 기본 증명서와 가족관계 증명서, 주민등록 초본 및 주민등록 등본을 뗍니다. 그리고 소명 자료를 확보하는 것이 가장 중요한데, 태어난 병원에서 발행한 출생증명서나 조산사일지 등본이나 조산자의 증명 또 인우보증서가 있어야 합니다. 인우보증서는 주변에 가까운 사람들이 실제 나이를 보증하는 것입니다.

그리고 재직증명서라든가 재학증명서, 초중고 때의 생활기록부, 직장 장의 의견서, 출생신고인 진술서 등의 소명 자료를 갖추면 좋습니다. 집에서 태어나서 증빙서류가 따로 없다면 신생아 때 다녔던 병원의 진료기록을 찾으면 좋습니다. 외부 기관의 증빙서류도 찾을 수 없다면, 예전 일기장에 썼던 생일기록, 예전 달력에 생일 표시한 것, 돌잔치 사진이나 자료들을 찾아서 증거가 충분히 갖춰졌을 때 법원에 신청하는 것이 좋습니다.

서류를 준비해서 정정 신청을 해도 받아들여지는 비율을 50% 정도 입니다. 생년월일이 잘못돼 있어도 정정할 필요가 없을 때는 그대로 두다가, 다른 목적을 숨기고 나이 정정을 신청하는 경우가 있어서 다른 내용을 정정하는 것보다 더 깐깐하게 따집니다. 이 경우, 직장에서의 정년도 달라집니다. 정년퇴직을 앞두고 가족관계등록부의 출생 연도를 바꿨다면 바뀐 나이를 기준으로 정년을 정해야 한다는 것이 법원의 판결입니다. 정년은 원칙적으로 근로자의 육체적, 정신적 능력을 제대로 반영할 수 있는 실제 나이를 기준으로 하는 것이 타당하다는 것입니다.

뉴스가 쉬워지는,
정치경제 이야기

허위신고로 2686만 원 배상?

건물에 폭발물이 설치됐다고 거짓신고를 한 사람에게 경찰이 2686만 원을 배상하라는 소송을 냈다는 뉴스를 본 기억이 있을 것입니다. 그런데 2686만 원이라는 배상 요구액은 어떻게 계산했을까요?

박모 씨는 2014년 3월 31일 112로 전화를 해서 신고했습니다. "일베 사이트를 보다가 우연히 한 게시 글을 봤는데, '서울 여성부 건물'과 '꿈이 있는 빛고을 광주**교회'에 폭탄물을 설치했다는 내용이 있어서 알려드립니다. 조회 수가 5,000명이 넘었네요."라는 내용으로 허위신고를 했습니다.

신고를 받고 남대문경찰서와 광주 서부경찰서의 경찰특공대와 폭발물 처리반이 각각 여성가족부 건물과 광주 교회로 바로 출동을 해서 수색을 했습니다. 하지만 폭발물은 없었습니다. 거짓신고로 헛고생만 한 것입니다. 그러자 경찰이 박씨가 경찰력을 낭비하게 해 치안 공백을 유발하고 경찰차 유류비 등 경제적 손해를 입혔다고 광주지

법에 소장을 냈습니다.

배상 요구액 2686만 원은 우선, 현장 출동한 경찰 차량의 기름값입니다. 남대문경찰서의 경우 모두 16대가 출동했는데, 이 차량의 왕복 유류비를 연비와 기름값을 계산해서 산출했습니다. 그리고 주된 청구액은 출동한 경찰관들의 계급과 봉급 등을 참작한 위자료입니다. 구체적으로 경찰서장은 50만 원, 경감 계급은 각 40만 원, 경위는 각 30만 원이었습니다.

2년 전에 비슷한 판결이 하나 있습니다. 그때는 괴한에게 납치됐다는 허위신고를 한 사람을 상대로 안양 만안경찰서가 손해배상 청구소송을 냈습니다. 당시 1심 판결에서 경찰차 기름값은 전액 인정했고 위자료를 일부만 인정했습니다. 당시 1330만 원을 청구했는데, 법원이 인정한 금액은 740만 원, 약 56%를 인정했습니다.

이렇게 경찰이 개인을 상대로 소송을 걸 때는 원고1이 대한민국, 원고2가 경찰서의 형사 한 명이 대표가 됩니다. 대한민국이 원고가 돼서 개인에게 손해배상 소송을 하는 것입니다.

> 장난으로 하는 허위신고는 전화번호가 남기 때문에 경찰이 금방 알아냅니다. 장난 한번 잘못 쳤다가 걸리면 손해배상으로 물어줘야 할 돈이 장난이 아니라는 것! 알아둬야겠습니다.

전화요금을 발신자가
내는 이유는?

> 어떤 사람들은 전화요금을 아끼려고 전화해서 신호음만 보내고
> 끊어버립니다. 결국에는 궁금한 사람이 전화하게 됩니다. 그런데
> 전화요금은 왜 발신자한테만 부과될까요?

통신요금을 거는 사람도 내고 받는 사람도 내는 나라도 있습니다. 미국, 캐나다, 중국 등입니다. 이들 나라는 땅이 넓어서 대개 하나의 통신사업자가 전국을 다 담당하지 못합니다. 서부지역은 A라는 회사가 담당하고, 동부지역은 B가 담당합니다. 이러다 보니 통화를 하려면 상대방 통신사에 상호 접속해야 합니다. 그런데 통신사업자마다 통신료를 정산하는 시스템이 다르고, 통신장비 등을 유지하는 데 들어가는 비용도 서로 다릅니다. 그래서 쌍방향 요금제를 채택하고 있습니다.

우리나라의 경우 이동전화가 없고 유선전화만 있던 시절에는 한국통신, 지금의 KT가 공기업이었습니다. 그리고 전화시장도 100% 독점했습니다. 그래서 거는 사람과 받는 사람한테 따로 요금을 받을 필

요가 없었습니다. 그러다 KT가 민영화되
었고, 유선전화나 무선전화 모두 여러 회
사가 경쟁을 하는 체제가 되었지만, 요금
은 계속해서 거는 사람만 냅니다.

　다만, 2008년 이명박 정부가 들어서기
직전, 인수위원회 시절에 이 쌍방향 요금
제를 검토하다 포기했던 적은 있습니다.
쌍방향 요금제를 채택하면, 전화를 받는 사람은 불필요한 전화를 받
지 않고, 가능한 한 통화를 짧게 하려고 해서 전체 휴대전화 사용량이
줄어들 것이라는 생각을 했던 것입니다. 그리고 누진제도 함께 검토
했었는데 전기요금처럼 통화량이 많은 사용자에게 요금을 더 많이
내게 하자는 것이었습니다.

　그런데 통신업계는 물론이고 소비자 반대도 많았기 때문에 실행하
지는 못했습니다. 광고성 전화가 하루에도 여러 통 걸려오는데, 쌍방
향 요금제가 도입되면 광고성 전화, 스팸 전화를 받아도 통신요금을
절반이나 내야 하고 소비자들의 통신요금 부담이 오히려 더 커질 수
있다는 것이었습니다. 특히 휴대전화 이용량이 적은 노인층이나 저
소득층 부담이 커질 거라는 우려가 제기되었습니다.

03

변리사는
소득 1위가 아니다

변리사가 소득은 높은데 부가세는 적게 냈다는 뉴스를 들어보셨을 것입니다. 변리사는 어떤 직업이기에 전문직 중에서도 소득이 가장 높을까요? 또 부가세는 왜 적게 낼까요?

변리사는 한마디로 특허 변호사 또는 지식 재산 변호사입니다. 특허를 비롯한 실용신안, 디자인, 상표와 같은 산업재산권 그리고 방송을 만들거나 글을 쓰거나 사진을 찍으면 생기는 저작권을 다루는 전문가가 변리사입니다. 산업재산권 중에서는 특허의 비중이 가장 높은데 특허는 주로 기술을 다루기 때문에 이공계 출신들이 많이 따는 자격증이 변리사입니다.

삼성전자와 애플 두 회사가 몇 년 전부터 특허 소송을 세계 곳곳에서 벌이고 있습니다. 두 회사 소송에서 보듯이 갈수록 특허와 기술을 둘러싼 소송이 많습니다. 이런 특허 분쟁에서 기업이나 저작권자의 대리인 역할을 하는 것이 바로 변리사들입니다.

변리사는 1년에 한 번 선발시험을 치러서 200명을 뽑습니다.

1995년까지 30명을 뽑다가 점차 늘려서 2001년부터 지금까지 계속해서 200명을 뽑고 있는데, 선발 인원을 더 늘려야 한다는 지적도 많습니다.

국내 전문직 중 소득 1위가 변리사라는 말에는 통계의 잘못과 오류가 숨어 있습니다. 보도내용을 보면 이 변리사의 소득은 국세청이 국회에 제출한 '고소득 전문직의 부가가치세 신고납부 현황' 자료를 기준으로 했습니다. 이것은 부가가치세를 낸 전문직 사업장의 매출 자료입니다. 즉, 변리사를 비롯한 전문직의 1인당 수입이 아니라, 각 사업장의 평균 매출입니다. 수입이 아니라 매출이기 때문에 여러 가지 경비가 다 포함된 것입니다.

그리고 뉴스에서 말하는 1인당은 변리사 1인이 아니라 개인사업자로 등록한 변리사 1인을 말합니다. 그런데 이 변리사 사무실에는 변리사가 한 명만 있는 것이 아닙니다. 대부분 대표 변리사 밑에서 여러 명의 변리사가 함께 일하는 구조입니다.

그래서 이런 보도가 나갈 때마다 변리사협회에서는 실제로 그렇게 많이 벌지 못한다고 합니다. 하지만 비슷한 기사가 10년 가까이 되풀이되고 있습니다.

보통 5년 정도 경력이 있는 변리사는 8천만 원에서 1억 원, 10년 차는 1억5000만 원 정도가 세금을 내기 전 소득이라고 합니다.

그리고 변리사도 부가가치세 세율이 10%입니다. 하지만 부가가치세가 0인 항목들도 있습니다. 변리사의 경우, 외국 법인과의 거래 등은 외화획득 사업으로 분류해 부가가치세를 물리지 않습니다. 대표적인 고소득 전문직인 의사 역시 의료 용역에 대해서는 부가가치세가 0입니다. 면세 사업자라서 이번 전문직 매출 통계에서도 빠지게 된 것입니다.

04

지폐 속 인물은
어떻게 선정될까?

지폐 속의 인물은 어떻게 선정하나요? 금액에 따라 인물이 다른
데 기준이 정해져 있나요? 또 지폐가 손상되었을 때 손상 정도에
따라 얼마만큼 보상받을 수 있나요?

우리나라 지폐에는 1914년부터 인물이 들어갔습니다. 일제 강점기
당시 한국은행의 전신인 조선은행이 백 원권을 발행했는데 이때 들
어간 인물은 백발에 수염이 긴 노인상입니다. 이 노인상은 이때부터
46년 동안 26종의 화폐에 사용되었습니다.

이 인물은 가상의 인물이었습니다. 동양 민속에 나오는 칠복신 중
하나인 수노인壽老人 상으로 만물의 수명을 장악하는 신이라고 합니다.

실존 인물이 등장한 것은 광복 이후 한국 은행권이 발행되기 시작
하면서입니다. 1호 인물은 이승만 대통령입니다. 1950년에 발행된
천 원권에 처음 등장해서 4·19혁명이 일어나기까지 지폐 모델을 독
점했습니다. 10년간 10종의 화폐에 등장했습니다.

우리나라 지폐를 보면 인물 도안이 오른쪽에 치우쳐 있습니다.

1956년에 오백 환권이 발행되었는데, 이 돈에도 이승만 대통령이 들어갔습니다. 그런데 이전과 달리 인물 도안이 지폐 중앙에 자리를 잡았습니다. 그런데 사람들이 지폐를 반으로 접어 쓰다 보니, 초상에 금이 가는 문제가 발생했습니다. 세간에는 대통령을 욕되게 하려고 의도적으로 초상을 중앙에 넣었다는 소문이 돌았습니다. 또 독재를 싫어하던 일부 사람들은, 고의로 돈을 반으로 찢은 다음에 다시 붙여서 사용하는 경우도 있었다고 합니다.

대통령의 측근도 문제로 삼자, 한국은행이 부랴부랴 도안 교체 작업을 진행했습니다. 결국, 1958년에 초상을 오른쪽에 배치한 지폐를 다시 발행했습니다. 다른 나라 지폐를 보면 초상이 중앙에 배치된 경우가 많습니다. 하지만 그 나라들에서는 우리와 같은 불경 시비는 없었다고 합니다.

현재는 지폐 속의 인물 결정권을 한국은행이 갖고 있습니다. 가장 최근에 발행된 오만 원권을 보면, 한국은행이 각 분야 전문가들과 한국은행 부총재 등이 참여하는 화폐 도안 자문위원회를 구성합니다. 여기서 후보 인물을 20명 정도 선정하고, 성인 남녀 1,000명을 대상으로 여론조사와 각계 전문가 150명의 의견조사 등을 거쳐 10명으로 줄입니다. 그런 다음, 네티즌 의견수렴을 통해서 4명으로 압축했고 정부와의 협의를 거쳐서 최종 후보 인물을 선정했습니다.

자문위원 명단이나 일정 등을 공개하지 않고 진행했는데, 그 이유에 대해서 한국은행은 이렇게 설명합니다. "화폐 인물 선정은 가치관, 역사관, 국가관 등에 따라서 수많은 후보가 추천될 수 있는데, 자

칫 흠집 내기 네거티브 토론으로 변질하고, 국론을 분열시킬 우려가
있다는 판단에서 공청회를 열지 않았다."

또 금액에 따라 인물이 다른데 새 지폐를 발행할 때 적당한 인물을
후보로 올려서 정하는 것이지, 액수에 따른 기준은 따로 없습니다.

더 알아보기

화폐가 손상되었을 때는?

남아있는 면적이 원래 크기의 3/4 이상인 경우 전액으로 교환해줍니다. 그리고
남아있는 면적이 원래 크기의 2/5 이상인 경우는 반액으로 바꿔줍니다. 남아있
는 면적이 원래 크기의 2/5 미만인 경우는 무효로 처리합니다. 동전은 찌그러지
거나 녹이 슬거나 기타 사유로 사용하기가 적합하지 않다면 액면 금액의 전액
으로 교환해주지만, 모양을 알아보기 어렵거나, 진위를 판별하기 곤란
하면 교환해 주지 않습니다.

05

담배와 담뱃세

담배는 언제부터 피우기 시작했고, 세금은 언제부터 물리기 시작했을까요?

담배는 인디언이 피우기 시작한 것으로 알려졌습니다. 인디언 전설 중 담배에 관한 이야기가 있습니다. 한 인디언 소녀가 너무나 추한 얼굴을 갖고 태어났습니다. 그래서 단 한 번의 연애도 할 수 없었고, 결국 자살을 택했습니다. 그리고 죽기 전에 이런 말을 남깁니다. "다음 생에서는 세상의 모든 남자와 키스하고 싶어요." 그렇게 죽은 자리에 풀이 하나 돋아났는데 그것이 바로 담배였습니다.

흡연의 시조인 인디언들은 감사의식 때 파이프 담배를 피웠습니다. 1492년, 콜럼버스는 이 담배를 보는 순간 돈벌이가 될 것 같은 예감이 들었습니다. 그래서 만병통치 효과가 있다는 선전과 함께 담배를 유럽에 퍼뜨렸고 아주 빠른 속도로 퍼져나갔습니다.

우리나라에는 임진왜란 전후에 일본을 거쳐서 들어왔다고 하니, 약 400년 전으로 추정됩니다. 1621년경 급속도로 번져서 많은 사람이 피웠다는 기록도 전해집니다. 당시에
는 담배를 남쪽에서 온 신령스러운 풀이
라는 뜻으로 남령초南靈草라고 부를 정도
로 귀하게 대접했습니다.

또 담배가 신분의 고하를 나타내는 수
단이 되어서, 권세가 높은 사람일수록 담
뱃대의 길이가 길었습니다. 그러다 일제강점기 때 일본에서 건너온
얇은 종이로 말아놓은 담배, 궐련이 보급되면서 점차 담뱃대가 사라
졌습니다.

담배에 세금을 처음 매긴 것은 1600년대 잉글랜드의 제임스 1세였
습니다. 흡연으로 인한 피해를 막고 정부 재정을 늘리자는 목적이었
습니다. 프랑스의 나폴레옹도 담뱃세로 군비를 충당했습니다. 미국
에서도 남북전쟁 때인 1862년 링컨 연방정부가 전쟁 비용을 대기 위
해 처음으로 세금을 매겼는데, 세율이 60%나 됐기 때문에 금방 300
만 달러를 거둘 수 있었다고 합니다.

우리나라에서 담배에 세금이 부과된 것은 국권침탈 직전 해인
1909년이었습니다. 당시에는 별다른 산업이 없던 시절이라 담뱃세가
전체 세액에서 56%, 절반 이상을 차지했습니다. 그리고 일제는 1921
년 담배 전매제도를 도입했습니다. 정부만 담배사업을 할 수 있게 독
점했는데, 이후 일제 강점기와 광복 이후 수십 년 동안 담배는 국가전
매품으로 주된 세금 원천이 되었습니다.

지금도 정부가 담배 사업을 하는 것으로 아는 사람이 많은데 사

실이 아닙니다. 전매청에서 담배인삼공사로 바뀌었다가, 지금은 KT&G가 되었습니다. KT&G는 정부 지분이 하나도 없는 순수 민간 회사입니다. 현재 외국인투자자 지분이 60% 가까이 되는데 우리가 열심히 담배를 사주면 정부는 담배에 붙는 세금만 가져가고, 담배로 인한 이익의 약 60%는 외국인 주주들 주머니 속으로 들어갑니다.

06

매절계약은 뭘까?

《구름빵》 작가는 매절계약을 했기 때문에 실제 번 돈은 1,800만 원대밖에 되지 않는다고 합니다. 도대체 매절계약이 뭐기에 작가의 권리를 행사하지 못하는 걸까요?

《구름빵》은 그림동화 책입니다. 백희나 작가가 2004년에 데뷔하면서 그린 동화책인데, 이 책이 많은 나라에 수출되면서 40만 부 이상 팔렸다고 합니다. 그런데 처음에 계약을 맺을 때 매절 계약을 했다고 합니다.

매절계약은 주로 출판계에서 관행으로 하는 계약 형태입니다. 원고가 번역물이거나, 삽화나 사진일 경우 또는 여러 사람이 함께 쓴 공동저작물일 경우 그리고 작가가 아직 이름 없는 무명작가일 경우에 많이 맺습니다. 출판사가 한꺼번에 얼마간의 금액을 지급하면, 이후에는 아무런 금전적 대가를 지급하지 않는 계약이 바로 매절 계약입니다.

매절이라는 한자는 살 매買자, 끊을 절切자를 씁니다. 한번 사고 끝난다는 뜻입니다. 매절 계약은 출판사가 서점에 책을 공급할 때도 쓰는데, 이때는 책을 반품하지 않는 조건으로 공급가격을 싸게 해줍니다. 그런데 매절이라는 말은 일본식 용어이기 때문에 쓰지 않는 것이 좋습니다.

출판사가 작가와 매절계약을 할 때는 보통 초판 발행분의 인세보다 많은 돈을 지급합니다. 《구름빵》 작가도 1만 부에 해당하는 인세 850만 원을 받았습니다. 만 부 이상 팔리면 출판사가 이익이지만, 적게 팔리면 출판사가 손해입니다. 만약 5,000부만 팔렸다면, 5,000부만큼 인세를 더 지급한 것입니다.

공정거래위원회는 매출액 상위 20개 출판사에 대해서는 매절계약 관련 약관을 고쳤습니다. 앞으로는 영화 등 2차 저작물 이용권을 출판사에 넘길지를 저작자가 별도의 특약으로 정할 수 있게 했습니다. 이렇게 되면 2차 저작물에 대한 작가의 권리가 강화된 것이지만, 소형 출판사는 《구름빵》 작가와 같은 계약이 여전히 가능합니다.

대부분 저자들은 인세 계약을 맺습니다. 책이 팔린 만큼 책값의 얼마를 가져갑니다. 과거에는 인세가 보통, 책값의 10% 안팎이었습니다. 그리고 유명한 작가들은 예외적으로 더 받는 경우도 있었는데, 지금은 유명 작가가 10%를 받고 이름이 떨어지는 작가는 5~7%를 받기도 합니다. 또 책에 대한 광고나 마케팅을 어떻게 하느냐에 따라서 인세를 더 낮추기도 합니다.

리메이크곡의 저작권료는?

07

요즘 리메이크한 노래가 참 많습니다. 명곡을 새로운 분위기로 들을 수 있는 장점이 있습니다. 그런데 리메이크곡의 저작권료는 누구에게 가는 걸까요?

모든 노래의 저작권은 기본적으로 작사가와 작곡가에게 있습니다. 가수에게는 저작권료가 따로 없습니다. 다만 가수와 밴드 등에게는 저작인접권료라는 것이 별도로 있습니다. 따라서 리메이크곡 저작권료도 가수가 따로 받는 것은 없고, 작곡가와 작사가가 받습니다. 원곡을 편곡해서 다시 부른다면 원작곡자와 편곡작곡자가 저작권료를 나눠 갖습니다.

나누는 비율은 원작곡자와 편곡자가 알아서 나눕니다. 둘이 합의를 해서 저작권협회에 알려주면 저작권협회는 저작권료 수입이 생길 때마다 그 비율에 따라서 나눠줍니다. 신곡인 경우에도 알아서 비율을 나누는데 대부분 반반씩 나눈다고 합니다.

그리고 노래방에서는 한 가게당 한 달 평균 2~3만 원 정도를 저작권료로 냅니다. 요즘 나오는 기계는 로그 시스템이 되어 있어서 손님들이 어떤 곡을 몇 번 불렀는지 모두 기록됩니다. 그래서 이런 기계가 있는 노래방은 그 기록대로 저작권료를 내는데, 이런 시스템이 없는 구형 기계가 설치된 노래방은, 저작권협회가 표본조사를 합니다. 전국에 있는 노래방을 다 조사할 수 없으니 표본조사를 해서 면적당 얼마씩 매기는데 평균적으로 한 노래방당 한 달에 2~3만 원 정도를 낸다고 합니다.

08

로또 번호는 왜 45까지 있을까?

로또 복권이 국내에 도입된 것이 2002년입니다. 벌써 10년이 훌쩍 넘었는데 로또 번호는 왜 1~45번까지일까요?

로또는 이탈리아 말로 행운이라는 뜻입니다. 복권의 역사를 살펴보면 1400년경에 네덜란드에서 처음으로 추첨식 복권이 도입되었습니다. 1530년에 이탈리아에서 지금 같은 방식의 로또가 등장했습니다.

　로또 방식은 종류가 아주 많습니다. 우리처럼 45개 숫자 중에서 6개를 맞추는 방이 있는가 하면 49개 숫자 중에서 6개, 52개 숫자 중에서 6개, 56개 중에서 5개 등 방식이 매우 많습니다.

　우리나라에서는 정부 복권위원회와 복권발행회사에서 1등 당첨 확률과 당첨금 등을 고려했을 때 45개 숫자 중에서 6개 숫자를 맞추는 방식이 가장 적당하다고 판단했습니다. 45개 숫자 중에서 6개를 숫자를 맞추는 확률이 약 814만분의 1입니다. 만약 45개보다 적은 숫자 중에서 6개를 맞추라고 한다면 맞출 확률이 더 높아집니다. 하

지만 1등에 당첨되더라도 맞추는 사람이 많아지므로 당첨금 액수는 줄어듭니다. 반대로 만약 60개 숫자 중에서 6개를 맞추면 당첨확률은 낮아지지만, 동시에 1등 당첨금 액수는 크게 높아집니다.

벼락 맞을 확률이 180만분의 1이니 로또 당첨보다 다섯 배나 높습니다.

인생역전을 꿈꾸면서,
매주 평균 60만 명의 사람들이
4200여만 장의 로또를 삽니다.
이 중 1등 당첨자는 평균 5.8명입니다.

09

우리가 내는 세금,
몇 가지나 될까?

소득세 연말정산 기간이 되면 골치가 아픕니다. 국가에 납세의 의무를 다하는 것도 참 힘이 듭니다. 그런데 우리가 내는 세금은 모두 몇 가지나 있을까요?

세금 세稅 자가 붙어 있는 세금은 모두 25개입니다. 세금은 징수 주체에 따라서 두 가지로 나눕니다. 중앙정부가 걷으면 국세, 지방정부가 걷으면 지방세가 됩니다.

지방세보다는 국세가 더 많습니다. 국세는 모두 14가지 종류가 있고 지방세는 11가지가 있습니다. 그런데 세금 징수액으로 따지면 국세 비중이 80%로 국세가 압도적으로 많습니다.

세금은 국가가 약 60%, 지방정부가 약 40%를 걷습니다. 전체 세금의 20%만 걷는 지방정부는 나머지 20%를 중앙정부가 나눠주는 지방교부금으로 충당합니다. 그래서 지방자치단체장들은 연말에 예산배정 때가 되면 서울에 자주 올라옵니다. 기획재정부나 국회의원들을 만나서, 우리 지방에 예산을 많이 배정해달라고 하소연하고 부탁합니다.

국세의 종류는 14가지입니다. 우선 관세와 내국세로 나뉘는데 관세는 외국에서 수입하는 수입품에 부과하는 세금이고 나머지 13가지는 국민이 내는 내국세입니다. 내국세는 직접세와 간접세, 목적세로 다시 구분할 수 있습니다.

직접세는 세금을 실제로 부담하는 사람과 납부하는 사람이 일치하는 조세를 말합니다. 소득에 따라서 내는 소득세, 법인이 돈을 벌었을 때 내는 법인세 그리고 고가의 부동산을 가진 사람에게 물리는 종합부동산세, 상속을 받았을 때는 내는 상속세, 재산을 증여했을 때 내야 하는 증여세가 있습니다.

간접세는 세금을 세무서에 내는 납세의무자와 실제로 그 세금을 내는 사람이 다른 세금입니다. 대표적인 것이 부가가치세입니다. 우리가 마트에 가서 과자를 사면 과잣값만 내는 게 아니고 부가가치세 10%가 포함되어 있습니다. 실제로는 우리가 세금을 내지만, 그 세금을 모아서 세무서에 내는 것은 과자를 만든 업체입니다. 그래서 간접세라고 합니다. 이런 간접세가 부가가치세 말고도, 개별소비세가 있습니다. 개별소비세는 과거에는 이름이 특별소비세였습니다. 이것은 주로 고가의 사치품 등에 매겼습니다. 그리고 술에 붙는 주세, 인지세, 증권거래세가 있습니다.

목적세는 목적이 있는 세금입니다. 해당 세금의 사용처를 세법에 명시해서, 그 해당 목적에만 지출할 수 있도록 제한하고 있는 세금입니다. 교육세, 교통·에너지·환경세, 농어촌특별세 총 세 가지입니다.

지방세는 광역자치단체가 도민들에게 걷는 도세로 취득세, 등록·면허세, 레저세, 지방소비세가 있고 도세의 목적세로 지역자원시설세, 지방교육세가 더 있습니다.

또 기초자치단체가 걷는 시·군세가 있습니다. 여기에 속하는 세금이 주민세, 재산세, 자동차세, 담배소비세, 지방소득세입니다. 만약 담배 한 갑을 사면 그 지역의 군청이나 구청에 세금을 내는 것입니다.

10

장관 겸직 국회의원의 세비는?

국회의원이 장관을 겸임할 급여는 둘 다 받을까요? 그리고 왜 겸임이 가능할까요?

국회의원을 하다가 장관에 임명되는 이들은 국회의원직을 그대로 유지하면서 장관 임무를 수행합니다. 그래야 한다는 법은 없는데, 다들 그렇게 합니다. 간혹 비례대표 의원이 장관에 임명되면 국회의원직을 사임하는데, 장관직은 거의 지역구 출신 의원들이 임명되고 있고, 이들은 국회위원직을 그대로 유지한 채 장관이나 총리직을 수행합니다.

그렇게 장관과 의원직을 겸직할 때는 어느 한쪽을 선택해서 받게 되어 있는데 모두 장관 봉급을 선택합니다. 의원실에서는 겸직이지만 장관이 본업이고 의원활동은 하지 않아서 장관 봉급을 선택한다고 합니다. 그런데 장관봉급이 많기도 합니다. 국회의원 봉급은 세비라고 하는데, 2015년 기준으로 1억3800만 원 정도로 한 달에 1150만 원을 받습니다. 반면에, 장관의 평균 연봉은 1억6300만 원 정도로 한 달에 1360만 원을 받습니다. 장관 봉급이 국회의원 봉급보다 1년에 2500만 원가량 더 많습니다.

그리고 장관을 겸직하는 의원은 현역 의원 신분을 유지하기 때문에 의원회관 집무실도 그대로 갖고 있고 의원 회관에서 일하는 보좌관 7명의 급여와 사무실 운영 경비 등도 계속해서 받습니다. 그리고 국회의원에게 매달 지급되는 입법 활동비 300만 원 정도를 별도로 받으면서, 국회 본회의에서 주요 법안에 대해 투표권을 행사할 수 있습니다. 장관과 의원을 겸직하는 것은 법적으로 문제가 없습니다. 국회법 제29조는 "의원은 국무총리 또는 국무위원의 직 이외의 다른 직을 겸할 수 없다."고 규정하고 있습니다. 따라서 국회의원 총리와 장관은 현행법상 문제가 없습니다.

11

전세제도,
어떻게 생겼나?

전세 만기일이 돌아오는데, 전셋값이 크게 올라서 걱정인 분들이 많습니다. 전세라는 제도가 우리나라에만 있다고 하던데, 언제 시작되었을까요?

전세는 "부동산 소유자에게 일정한 금액을 맡기고 그 부동산을 일정 기간 빌려 쓰는 일. 또는 그 돈. 부동산을 돌려줄 때는 맡긴 돈의 전액을 되돌려 받는다."라고 합니다. 집주인한테 맡기는 돈을 전세보증금이라고 하는데, 전세는 기원전 15세기 메소포타미아 문명권에도 있었습니다. 또 중세시대에 프랑스와 스페인 등에서도 그 흔적을 찾을 수 있다고 합니다.

현재는 우리나라 반대편에 있는 남미의 볼리비아에 안티끄레띠꼬 Anticretico 라는 전세계약이 있습니다. 안띠끄레띠꼬는 '사용의 대가로 보증금을 제공하는 것'이라는 뜻으로 우리 전세제도와 똑같습니다. 다만 전세 비중이 우리처럼 높지는 않고 주거형태의 약 3~4%를 차지하고 있습니다.

전세와 비슷한 형태는 고려 시대부터 있었습니다. 기원은 조선 후기로 보는 학자들이 많습니다. 조선 후기에 상업이 성행하고 사람들의 이동이 늘면서, 수도인 한양의 규모가 커졌습니다. 그래서 사람들이 몰려들었는데, 집을 살 돈이 부족하거나, 오랫동안 살 필요가 없는 사람들이 보증금을 주고 집을 빌리기 시작했습니다.

그러다가 1876년 강화도조약을 맺은 조선이 개항하면서 개항장 주변으로 사람들이 많이 몰리기 시작했습니다. 이때부터 전국 개항장과 함께 전통 상업중심지인 안성, 영변, 갑산 등을 중심으로 전세가 퍼졌습니다. 그리고 가쾌라는 이름의, 집을 중개하고 수수료를 받는 사람들도 생겼습니다. 이들이 모인 곳이 바로 복덕방입니다. 조선 말기만 하더라도 100여 개의 복덕방과 500여 명의 가쾌가 있었다고 합니다.

그렇게 일제강점기를 거치면서 서서히 늘어나던 전세가 급증하기 시작한 것은 6.25 한국전쟁 이후입니다. 그전까지는 주로 서울, 부산 등 대도시 위주였다가 전쟁을 거치면서 전국의 군소도시로 전세가 퍼졌습니다. 그러다가 산업화로 농촌을 떠나는 이농 현상이 심해진 1960년대 이후 전세 비중이 급증하기 시작했습니다.

정부가 처음으로 전세·월세를 전수 조사한 것이 1975년 인구·주택 총 조사였습니다. 당시 서울 가구 중 38%가 전세, 14%가 월세, 나머지 48%가 자가였습니다.

집을 빌려야 한다면 월세보다는 전세가 훨씬 낫습니다. 월세는 사라지지만, 보증금은 계약 기간이 끝날 때 고스란히 돌려받는 돈이기 때문입니다. 그리고 집주인 입장에서도, 전세를 끼고 적은 돈으로 집을 살 수가 있었고 또 보증금을 활용해서 또 다른 집을 살 수 있었습니다. 그 집이 또 시간이 흐를수록 값이 올랐으니까, 세입자도 좋고, 집주인도 좋은, 서로에게 좋은 제도가 전세였습니다.

그런데 앞으로 전세가 완전히 사라질 거라는 전망이 많습니다. 과거 금리가 높던 시절에는 집을 전세 준 사람들이 그 보증금을 은행에 맡겨서 이자를 받거나 다른 집을 더 샀습니다. 그런데 지금은 금리가 워낙 낮아졌고 그래서 월세로 돌리는 이들이 많습니다. 보다 근본적으로는 주택을 사도 집값이 오를지 의문을 품는 이들이 많아지면서 전세 공급이 줄어들고 있습니다.

12

위조지폐 구별법

돈의 역사는 화폐 위조의 역사와 같다고 해도 과언이 아닙니다. 화폐를 만들면 가짜 돈이 만들어지고, 가짜 돈을 막기 위해서 연구해 새로운 돈을 만들어내는 숨바꼭질의 연속입니다. 그렇다면 지폐 위조방지 기술이 몇 가지나 될까요? 그리고 위조지폐와 진짜 돈을 구별하는 방법은 무엇일까요?

가장 최근에 나온 지폐, 오만 원권에는 위조방지장치가 모두 18가지나 됩니다. 미국을 비롯한 다른 선진국 화폐보다 위조방지 장치가 더많다고 합니다. 구체적으로, 신사임당 얼굴이 그려진 앞면 왼쪽 끝에세로로 번쩍이는 것이 붙어있는데 바로 홀로그램입니다. 보는 각도에 따라서 상중하 세 곳에서 우리나라 지도, 태극문양, 4괘 무늬가 같은 위치에 번갈아 나타납니다. 그리고 그사이에 숫자 50000이 세로로 쓰여 있습니다. 또 홀로그램 띠 바탕에는 기하학무늬가 들어 있습니다.

그리고 오른쪽에는 입체형 부분 노출 은선이 있습니다. 청회색 특수 필름 띠이고 여러 개의 태극무늬가 사방 연속으로 새겨져 있습니다. 그리고 지폐를 상하로 흔들면 태극무늬가 좌우로 움직이고, 지폐를 좌우로 흔들면 태극무늬가 상하로 움직입니다.

또 50000이라는 숫자 위에 그림이 없는 부분을 빛에 비춰보면 신사임당 초상이 떠오릅니다. 그 그림 아래에 오각형 무늬가 있고, 그 안에 숫자 5도 보입니다. 신사임당 초상 옆에 약간 진한 색의 동그란 무늬(요철잠상)도 있는데, 지폐를 눈높이까지 올려서 비스듬히 보면 마치 색맹 검사할 때 검사지에서 나오는 숫자처럼 그 안에 숨어있던 숫자 5가 나타납니다.

그뿐 아니라 신사임당 초상, 문자, 숫자를 만져보면 오돌토돌한 감촉이 느껴집니다. 또 은행에서 자외선을 비춰보면 형광 잉크 색상이 드러나고, 형광 색상의 짧은 실선이 여기저기에 보입니다.

지폐는 섬유 재질의 특수용지를 써서 미끄럽지 않습니다. 만약 전체적으로 질감이 미끈하다면 위조지폐일 가능성이 큽니다. 특히 오만 원권의 경우, 신사임당 얼굴이 있는 앞면 오른쪽 지폐 끝 부분 가로로 된 다섯 줄이 있는데, 이 줄을 손으로 만져봤을 때 오톨도톨한 촉감이 나야 합니다. 그리고 만 원권도 세종대왕 수염 부분에서 오톨도톨한 감촉이 느껴져야 진짜 돈입니다.

만 원권에도 홀로그램이 있습니다. 앞면의 10000이라는 숫자 위에 네모난 홀로그램이 있는데 이것도 보는 각도에 따라서 무늬와 색상이 변합니다. 우리나라 지도, 액면 숫자와 태극, 그리고 4괘 세 가지가 번갈아 나타납니다.

그리고 뒷면의 10000이라는 숫자는 색 변환 잉크로 인쇄하여 보는 각도에 따라서 황금색에서 녹색으로 변합니다. 또, 세종대왕 오른쪽에 숨은 은색 선을 삽입해서 빛에 비춰보면 문자가 인쇄된 은색 선이 보입니다.

지폐를 위조했다가 적발되면 벌이 아주 무겁습니다. 형법 제207조에 '행사할 목적으로' 통용하는 대한민국의 화폐, 지폐 또는 은행권을 위조 또는 변조한 자는 무기 또는 2년 이상의 징역에 처한다고 합니다.

행사할 목적은 돈으로 사용할 목적이 있었다는 뜻입니다. 만약 장난삼아서 통화를 위조했다면 처벌되지 않습니다. 그런데 그 행사할 목적이냐, 아니냐는 판사가 판단합니다. 장난이었다고 주장해도 구체적인 정황상 행사할 의도가 있었다면 지폐 위조범으로 처벌됩니다.

13

크림반도 합병으로 러시아가
차지한 100만 병의 와인

크림반도가 러시아로 합병되면서 푸틴 대통령이 옛 황제의 와인 저장고도 손에 넣었다고 합니다. 이곳에 보관되어 있던 와인 한 병은 10년 전 경매에서 5000만 원에 팔리기도 했다는데 사람들은 왜 와인 경매를 하고, 비싼 값에 사들일까요?

와인 저장고는 크림반도 남부의 작은 해안마을 마산드라에 있습니다. 제정러시아의 니콜라이 2세가 1894년에 건설해서 차르의 와인 양조장(차르의 와이너리)이라고 부릅니다. 여기에 97만 명의 와인이 저장되어 있습니다.

　한 병에 수백, 수천만 원 한다는 고급 와인은 소주, 맥주를 즐기는 평범한 사람들에게는 가까이하기 어려운 술입니다. 하지만 경매장에서는 실제로 이처럼 높은 가격으로 거래가 이뤄집니다.

　국내 예술품 경매장에서도 와인 경매가 함께 이뤄지는데 한 경매에서는 2005년산 샤토 마고 와인 한 병이 1100만 원에 낙찰이 되기도 했고 몇 년 전에, 세계적인 와인 브랜드 샤토 무통 로쉴드 1945년

산 한 병은 뉴욕 소더비 경매에서 사상 최고가인 31만700달러, 우리 돈으로 약 3억 원에 낙찰되기도 했습니다.

이렇게 고가의 와인을 사는 건 투자 목적이 크다고 볼 수 있습니다. 특히 외국에서 와인은 투자 대상으로 분류됩니다. 골동품이나 대가의 예술작품처럼 희소성이 크기 때문입니다. 예를 들어, 특정한 연도에, 특정한 지역에서 생산한 고급 와인은, 시간이 흐를수록 몇 개 남지 않습니다. 그러다 세상에 하나밖에 없는 와인이되면 서로 탐을 내고, 그러다보면 가격이 올라가는 것입니다.

투자 목적이라면 나중에 돈과 바꿔야 합니다. 이것을 환금성이라고 하는데, 와인은 세계적으로 유통되기 때문에 환금성이 좋습니다. 돈이 필요하면 와인 회사나 경매장에 내다 팔면 됩니다. 영국 프로축구팀 맨유(맨체스터 유나이티드)의 감독이었던 알렉스 퍼거슨 전 감독이 맨유 재임 시절 수집한 와인 3,000병을 최근 홍콩 크리스티 경매에 붙였는데, 그중 일부가 39억 원에 낙찰되었다고 합니다.

또 수요가 계속된다는 장점도 있습니다. 와인은 인류가 기원전 수천 년 전부터 즐겨왔습니다. 그리고 시간이 지나면서 숙성하면 더 맛있어지는데 이것도 와인에 투자하는 이유 중 하나입니다.

그런데 만 원짜리 와인에 비해서 5000만 원짜리 와인은 5,000배의 가치가 있을까요? 와인 전문가는 "6등급으로 나누어진 보석의 경우, 3에서 4등급까지는 투자금액과 보석의 질의 상승률이 비교적 비례한다. 하지만 상위등급으로 갈수록 0.1%의 숨은 만족을 위해서 가격이 기하급수적으로 늘어난다. 이처럼 와인도, 아무런 흠이 없는 투명하고 완벽한 맛을 느끼려면 그 대가를 치러야 한다."라고 말합니다.

14

스위스, 어떻게
시계 강국이 되었나?

우리는 하루에도 수십 번씩 시계를 봅니다. 그런데 시계는 누가
만들었을까요? 또 시계 하면 스위스가 떠오르는데, 스위스는 어
떻게 해서 시계 강국이 되었을까요?

아주 옛날 옛적 사람들도 시간을 재는 것이 필요했습니다. 그래서 막
대기를 세워 놓고, 그 그림자의 위치로 시간을 알아냈습니다. 고대문
명이 발달했던 이집트나 메소포타미아, 그리스, 중국 등에 해시계가
있었고 우리나라에서는 신라 시대의 해시계가 가장 오래된 유물로
남아있습니다. 그리고 조선 세종대왕 때 만들어진 앙부일구가 유명
합니다. 앙부는 하늘을 우러러보는 모양의 가마솥이고, 일구는 해시
계라는 말입니다. 즉, 앙부일구는 가마솥이 위로 열려있는 모양의 해
시계라는 뜻입니다.

　그런데 해시계는 해가 있을 때만 시간을 잴 수 있는 한계가 있었습
니다. 그래서 점차 낮과 밤에 구애받지 않으면서도 더 정확한 시간을
알기 위해서 물시계, 모래시계, 불시계 등을 발명했습니다. 그러다

1581년에 갈릴레이가 예배 도중에 천장에 매달린 샹들리에가 흔들리는 것을 보고 진자는 진폭에 상관없이 진동 주기가 일정하다는 사실을 알아냈습니다. 그리고 17세기 후반에 이 진자의 등시성을 이용하여, 네덜란드의 과학자 하위헌스가 최초로 진자시계를 만들게 됩니다.

스위스가 시계 강국이 된 배경은 다음과 같습니다. 16세기에 로마 가톨릭을 반대하면서 종교개혁을 주창한 칼뱅이 신변의 위협을 느껴 스위스 바젤로 피신합니다. 그리고 몇 년 있다가 제네바로 가면서 이곳이 종교개혁파의 중심지가 됩니다.

그런데 프랑스 정부가 종교탄압을 하자, 프랑스에서 칼뱅을 지지하던 교도들 위그노 40만 명이 프랑스를 탈출해서 스위스, 벨기에, 네덜란드, 독일, 스웨덴, 오스트리아, 아일랜드, 미국 등지로 흩어집니다. 그런데 당시 위그노들은 주로 첨단 기술, 정밀 기술을 보유한 기술자들이었고, 그중 스위스로 온 사람들은 시계를 만드는 장인들이 많았습니다.

칼뱅주의자들은 청빈을 굉장히 중시했습니다. 그래서 보석으로 치장하는 것과 시간을 지키지 않는 것을 아주 싫어했습니다. 그래서 보석 대신 시계를 보급했는데 당시 제네바에서 성행하던 보석 가공 기술과 섞이면서 시계 제조 기술이 더욱 발달했습니다. 이후 스위스 원주민들도 위그노들을 찾아가서 시계 제조 기술을 배웠습니다.

그러다가 17세기, 제네바에 시계를 거래하는 조합이 탄생했고

1845년부터는 시계 산업이 기계화하면서, 생산량이 많이 늘어났습니다. 그러자 스위스 사람들은 자신들이 만든 시계를 가지고 알프스 산맥을 넘어서 유럽의 각국에 수출하기 시작했습니다.

당시 영국도 시계 산업이 꽤 발달했는데, 스위스 시계업자들은 시계 수출량을 크게 늘리지 않고 고가상품, 명품 위주로 판매하는 차별화 정책을 펼쳤습니다. 스위스제라는 것을 널리 알리는 마케팅 전략으로 영국 시계를 이겼다고 합니다.

15

중국인이 우리 땅을
얼마나 살 수 있나?

제주도 땅의 상당량을 중국인들이 사들이고 있다고 합니다. 우리
나라 토지 거래법상 외국인도 돈만 있으면 제주도 전체를 살 수
있을까요? 만약 제한이 없을 때 중국인들이 제주도 전체를 매입
했다면 제주도는 중국 땅, 중국 령이 되는 건가요?

중국인들이 제주도 땅을 사들이는 속도는 무척 **빠릅니다**. 2014년
6월 말 기준 통계에서는 제주도 땅 592만m²를 중국인들이 소유하
고 있습니다. 전체 외국인이 가진 땅에서 중국인이 차지하는 비중
은 약 43%고, 공시지가 기준으로는 5,800억 원가량입니다.

불과 몇 년 만에 자그마치 300배가 늘었습니다. 그런데 비교 기준
이 되는 2009년 2만m²가 워낙 적은 양입니다. 그래서 중국인들이 가
지고 있는 땅 592만m²는 제주도 면적의 0.3%입니다. 그중 92%는 중
국기업들이 유원지 사업이나 역사공원 등의 용도로 사들인 사업부지
고, 개인 비중은 8%밖에 되지 않습니다.

그런데 외국인도 돈만 있으면, 제주도 전체를 다 살 수 있습니다.

외국인투자 촉진법상 외국인이라는 이유로, 내국인과 토지 구매에서 차별 대우를 금지하고 있기 때문입니다. 다만, 군사기지 및 군사시설 보호법에 따른 군사기지 및 군사시설 보호구역, 문화재 보호법상 지정문화재와 문화재 보호구역, 자연환경 보전법상 생태·경관보전지역, 그리고 야생생물 특별보호구역 총 네 가지 구역의 땅에 한해서는 매입을 제한할 수 있게 되어 있습니다.

위 네 가지에 속하지 않은 땅이라면, 땅 소유자와 돈을 주고 거래를 하기만 하면 살 수는 있습니다. 그럴 리 없겠지만, 혹시라도 대한민국 땅을 중국인과 기업이 모두 소유하고 있다 해도 여전히 대한민국 땅입니다. 또 중국인이 땅을 사면 우리 국민이 사고팔 때처럼 살 때는 취득세, 등록세를 내야 하고 팔 때 양도소득이 있다면 그에 대한 양도소득세도 내야 합니다.

16

메달리스트들의 연금 산정법

스포츠의 정신은 참가에 의의가 있다지만, 메달을 따면 기분이 좋습니다. 포상으로 따라오는 것도 많은데, 메달 따는 선수들에게 연금을 주기 시작한 건 언제부터일까요?

1975년에 도입했으니 거의 40년이 되었습니다. 당시 연금은 공무원 월급에 맞춰서 책정했는데, 올림픽에서 금메달을 딴 선수는 2급 공무원 이사관 월급인 10만 원을 주기로 정했고 은메달은 서기관급인 7만 원, 동메달은 사무관급인 5만 원씩 받도록 했습니다. 대우가 엄청났습니다.

1975년까지만 해도 우리나라가 올림픽에서 딴 금메달이 하나도 없었습니다. 그래서 마치 과거시험에서 장원급제한 것 같은 파격적인 대우를 약속했습니다. 이 연금 포상 때문에 더욱 더 힘을 냈을까요? 이듬해인 1976년 몬트리올 올림픽에서, 레슬링의 양정모 선수가 최초로 금메달을 땄습니다.

그렇게 만든 선수연금은 88올림픽을 맞아서 경기력향상연구연금,

일명 체육연금으로 명칭이 바뀌었고 연금액도 현실화했습니다. 금메달을 딴 선수에게는, 월 100만 원을 지급했습니다. 1988년 당시 대기업 대졸 초임의 3배였습니다. 그리고 은메달리스트는 45만 원, 동메달 30만 원으로 정했습니다. 이 연금액은 계속 이어져 오다가 2012 영국 런던올림픽 직전에 바뀌었는데 금메달 연금은 100만 원 그대로 놔두고, 은메달이 75만 원, 동메달이 52만5천 원이 되었습니다. 은메달, 동메달의 월 연금액을 올린 것입니다.

아시안게임에서는 메달을 따도 선수에 따라 연금을 받는 사람과 받지 못하는 사람이 있습니다. 각 대회와 메달 색깔별로 점수를 매겨서, 일정 점수 이상이 돼야 연금을 지급하기 때문입니다. 예를 들어서 이번에 금메달을 하나 땄어도 이전 점수가 하나도 없었다면 연금이 나오지 않습니다. 반면에, 이미 점수를 좀 따놨지만, 연금 받는 점수에 미달해서 못 받고 있던 선수가 이번에 은메달을 따서 점수를 합치게 된다면 연금을 받을 수도 있기 때문입니다.

점수는 대회마다 다릅니다. 우선 가장 큰 대회인 올림픽에서 금메달을 따면 90점, 은메달 70점, 동메달 40점이고 4위 8점, 5위 4점, 6

위 2점을 줍니다. 그리고 세계선수권은 4년 주기, 2~3년 주기, 1년 주기 대회마다 점수가 다릅니다. 월드컵축구처럼 4년 주기의 세계선수권은 금 45점, 은 12점, 동 7점을 줍니다. 그리고 주기가 2년이나 3년인 대회는 금·은·동이 각각 30점, 7점, 5점입니다. 1년 주기 대회는 20점, 5점, 2점씩입니다. 그리고 아시안게임과 유니버시아드대회, 군인 세계선수권대회는 금 10점, 은 2점, 동 1점입니다.

아시안게임 금메달 4개를 따야, 올림픽 동메달 한번 따는 것과 같습니다. 연금은 20점 이상부터 지급합니다. 20점이면 월 30만 원이고, 30점은 월 45만 원씩 받습니다. 이후부터는 10점당 7만5천 원씩 추가되는데, 연금 상한액은 100만 원입니다. 그리고 올림픽 금메달은 점수가 90점인데 올림픽 금메달에 한해서 상한액인 100만 원을 지급합니다. 메달을 많이 따서 110점을 넘긴 선수에게는 10점당 150만 원을 격려금으로 지급하는데 올림픽 금메달 격려금은 10점당 500만 원입니다.

그리고 연금은 일시금으로도 받을 수 있습니다. 20점부터 30점까지는 1점당 112만 원, 30점 이후에는 1점당 56만 원씩 계산해서, 20점의 일시금은 2240만 원, 30점은 3360만 원, 100점은 7280만 원이 됩니다.

그리고 이 연금과 별도로 포상금도 지급하는데 정부는 금메달을 딴 선수에게 120만 원, 은메달 70만 원, 동메달 40만 원, 메달을 못 따도 15만 원씩 지급합니다. 또 남자 선수가 금메달을 땄는데 군대를 다녀오지 않았다면 병역이 면제됩니다. 사실상 남자 선수들에게는 병역 면제가 가장 큰 포상이라고 할 수 있습니다.

17

노후 선박 운항 및
증축 허용 문제없나?

> 침몰한 세월호는 일본에서 약 20년간 쓰던 중고 선박이었습니다.
> 이러한 중고선박을 수입하고, 또 증축해서 사용하는 것은 괜찮을
> 까요?

2012년 기준으로 국내 연안을 오가는 여객선 숫자는 모두 172척입니다. 이 여객선들의 나이를 선령이라고 합니다. 선령은 10년 미만이 42척, 11년에서 15년이 30척, 16년에서 20년이 61척이었습니다. 그리고 21년 이상인 노후 선박이 39척, 비율로는 23%입니다.

여객선 업체들은 규모가 작은 선박은 국내에서 건조된 새 배를 사서 운항하지만 이번 세월호처럼 규모가 수천 톤 되는 큰 배는 대부분 일본에서 중고 노후 선박을 수입합니다. 일본 업체들은 15년이 넘은 배는 노후 되었다고 보고 중고로 파는데 우리 업체들이 이것을 사들여서 운항하는 것입니다. 가격은 새로 건조된 선박의 3분의 1에서 10분의 1 정도 합니다.

이렇게 노후 선박을 들여오는 이유에 대해서 업계 사람들은 여객

선 운임이 낮아서 새 배를 사면 이익이 나질 않기 때문이라고 합니다. 실제로 여객선 업체들은 영세한 곳이 대부분입니다. 그리고 선령이 20년, 25년 됐다고 해서 사람이 탈 수 없는 배는 아니라고 합니다. 20년이 넘은 배는 한국선급협회가 매 해 검사를 해서 승인을 해주기 때문에 관리만 잘하면 30~40년 이상도 쓸 수 있다고 합니다.

논리적으로는 맞는 말이지만 검사가 확실하게 이뤄질 때 가능한 얘기입니다. 선박 검사는 한국선급협회KR에서 합니다. 2013년 2월에 세월호를 정기 검사한 한국선급은 검사에서 전혀 이상이 없었다고 밝히고 있습니다. 그러나 실제로 안전검사가 철저하게 이뤄졌는지 철저하게 따져봐야 합니다.

왜냐하면 세월호를 증축했기 때문입니다. 2년 전 일본에서 퇴역한 여객선을 인수해서 리모델링했는데, 이 때 객실을 한 층 더 올리는 등 두 번이나 증축했습니다. 그래서 정원 150명, 총톤수가 240t 늘어났습니다.

업계 관계자 얘기로는, 선박이 건조될 때 공학적으로 가장 안전하게 설계됐는데, 그 상태에서 추가로 한 층을 더 올리면 배의 무게중심이 위로 올라갈 수밖에 없고, 별도의 안정화 조치를 하지 않으면 작은 뒤틀림에도 복원력을 잃을 수 있다고 합니다. 과연 그런 것까지 다 철저하게 확인하고 안전검사를 해서 승인을 해줬는지 의문입니다.

그리고 몇 년 전 법이 바뀌어서 여객선 수명이 연장되었습니다. 정부가 지난 2009년 규제 완화 차원에서 내항 여객선의 사용 가능 연한을 25년에서 최대 30년으로 늘려줬습니다. 당시 국토해양부는, 선령

과 해양사고와는 직접적으로 무관하고, 고가의 선박을 효율적으로 활용할 수 있도록 하겠다면서 선령 제한을 완화해주었습니다.

세월호는 이 이후인 2012년 10월 일본에서 도입되었습니다. 통계를 살펴보니 실제로 규제 완화 이후로 노후선박이 늘어나는 추세입니다. 2011년에는 21년 이상 선박 비중이 14%였는데, 2012년에는 23%가 되었습니다.

18

헷갈리는 성인 기준 나이

> 술과 담배를 구매해도 되는 나이. 정확히 알고 계십니까? 서울 시민 열 명 중 두 명만 제대로 알고 있다고 해서 서울시가 나이 기준을 알리는 캠페인을 벌이기로 했습니다. 법률상 청소년 연령 기준은 무엇일까요?

담배나 술을 살 수 있는 나이는 우리 나이로 스무 살을 넘으면 됩니다. 술과 담배 구매는 청소년 보호법의 적용을 받는데, 청소년을 '만 19세 미만자. 단, 19세가 되는 해의 1월 1일을 맞이한 자를 제외.'로 규정하고 있습니다. 따라서 2015년 기준으로 스무 살이 된 1996년생은 생일과 관계없이 술, 담배 구매가 가능하고 호프집, 소주방 출입이나 아르바이트도, 법적으로 문제가 없습니다.

　수위가 높은 성인영화를 볼 수 있는 나이는 만 18세 이상입니다. 영화 및 비디오물의 진흥에 관한 법률에서는 청소년을 18세 미만으로 규정하고 있습니다. 2015년 기준 1997년생이 생일을 지나야 성인영화를 볼 수 있습니다.

한밤중에 피시방, 노래방을 출입할 때는 게임산업진흥법에 의해서 만 18세 미만은 청소년으로 봅니다. 따라서 밤 10시부터 새벽 5시까지는 1997년생 중에 생일이 지났으면 가도 되지만 생일이 지나지 않은 1997년생은 출입이 제한됩니다. 단, 청소년을 보호하는 감독자와 함께 가능합니다. 그리고 피시방, 노래방 아르바이트는 청소년 보호법을 적용받기 때문에 생일과 상관없이 1996년생 이상만 할 수 있습니다.

선거권이 있는 나이는 만 19세 이상입니다. 공직선거법에서는 만 19세 이상을 성년으로 보고 선거권을 줍니다. 만약 6월 4일에 선거가 있다면, 1996년 6월 5일 이전에 태어나야 투표를 할 수 있습니다. 6월 4일, 선거 당일이 생일인 사람도 선거권이 있습니다.

결혼은 만 18세부터 가능합니다. 다만 만19세가 안 된 미성년자의 경우에는 부모님의 동의를 받아야 합니다.

19

좌파 vs 우파

정치권을 보면 좌파 우파가 서로를 공격합니다. 그런데 정확히 좌파와 우파의 정의와 유래는 무엇일까요? 또 일본도 좌경세력, 우경세력이 있던데 우리나라와 비슷한 의미로 사용되는 것일까요?

우파, 좌파는 정치적 맥락에서 많이 쓰는 말인데, 역사가 꽤 오래됐습니다. 1789년 프랑스대혁명이 일어난 직후부터 사용하여 200년도 더 지났습니다. 프랑스에서 국민회의라는 이름의 혁명의회를 열었는데 의장석에서 보니 급진 개혁파인 자코뱅 당 의원들이 의장의 왼쪽에 앉았고 보수파인 지롱드 당은 의장의 오른쪽에 앉아 있었습니다. 그래서 이것을 보고, 좌익과 우익이라고 구분해서 부르기 시작했습니다.

정치적으로 좌익은 정치나, 사회, 경제 체제를 비교적 급진적이고, 혁신적으로 바꾸자는 정파를 뜻하고 우익은 비교적 점진적으로 바꾸거나 될 수 있으면 그대로 유지하려는 보수적 정파를 가리키는 말로 쓰입니다.

우리나라에서는 해방된 후 정치적, 이념적으로 혼란스럽던 시절에 우익, 좌익이라는 말을 많이 썼습니다. 그때부터 좌익, 우익은 서로 섞일 수 없는 배타적인 의미의 용어로 씁니다.

해방 이후, 좌익 계열에서는 공산주의 정당, 남로당을 결성하는 등 북한의 조선로동당과 비슷한 길을 걸었습니다. 반면에 우익 계열은 서북청년단을 비롯하여, 반공주의를 강하게 주창했습니다. 서로가 공존하고 타협을 모색하기보다는, 타도해야 할 대상으로 삼았기 때문입니다.

그런데 지금은 좌익, 우익보다는 좌파, 우파라는 말을 주로 씁니다. 해방 이후 좌익, 우익 대결이 심화하고 또 6·25 한국전쟁을 겪으면서 이념 대결이 극심해졌습니다. 그래서 좌익 계열에 포함되는 인사라도, 자신을 좌익이라고 하지 않고, 좌파라고 합니다. 또 우익 계열에 해당하는 인사도, 자신을 우익 대신에 우파라고 부르는 경향이 있습니다. 좌익, 우익은 외골수 느낌이 나지만 좌파, 우파는 합리적이고, 지적인 느낌이 듭니다.

하지만 상대방을 공격할 때는 좌익, 우익이라고 부르는 경우가 많습니다. 좌익 또는 우익이 가진 부정적인 이미지를 덧씌우려는 의도가 있습니다. 좌파, 우파도 서로 상대적이고 대결적인 용어이지만, 좌익, 우익은 훨씬 더 대결과 반목의 의미가 강한 용어로 사용하는 것이 우리 사회입니다.

일본에도 좌경세력, 우경세력이 있습니다. 일본이 갈수록 우경화되고 있다는 얘기가 많이 들립니다. 여기서 우경화右傾化는 사회 흐름이 보수적으로 변하는 것을 뜻합니다. 특히 역사인식에서 우경화는 일본이 저지른 침략의 역사를 정당화하거나 미화하는 경향이 강해지는 현상입니다.

특히 아베 총리의 우경화는, 식민 지배에 대해서 사죄를 하기는커녕 역사를 왜곡하는 방향으로 나타나고 있습니다. 이는 평화헌법 개정을 추진한다거나, 자위대의 해외 파병, 야스쿠니신사 참배 사건을 중심으로 드러나고 있습니다.

일본이 장기불황과 2011년 발생한 동일본 대지진 등으로 무기력해진 사회 분위기를 우경화 정책을 통해서 바꾸려는 것이라는 분석이 많습니다.

유럽의 여러 나라 그리고 남미 국가들에서는 좌파 정당과 우파 정당이 서로 경쟁하면서, 선거를 통해서 정권을 잡기도 하고 잃기도 합니다. 세계적으로 냉전의 시대가 사라지면서 이념의 대결도 사라졌습니다. 하지만 우리나라에서는 좌파, 우파, 우익, 좌익과 같은 이념 대결이 여전히 뜨겁습니다.

> 새는 좌우의 날개로 난다는 말이 있습니다.
> 좌우가 대립하기보다는
> 서로 토론하고 타협하고 협력해서,
> 살기 좋은 나라로 만들어가야겠습니다.

20

레임덕은 경제용어였다

미국 중간선거에서 오바마 대통령과 민주당이 패배하자 레임덕이라는 말이 자주 들립니다. 정치권에서 쓰는 레임덕이라는 말은 어디에서 나온 말일까요?

Lame Duck은 글자 그대로 절뚝거리는 오리입니다. lame은 절뚝거리는, duck은 오리라는 뜻입니다.

레임덕은 1700년대, 영국 증권거래소에서 생긴 말입니다. 처음에는 정치권 용어가 아니라 증시 용어, 경제 용어였습니다. 증시가 급락해서 빚이 눈덩이처럼 불어난, 그래서 미수금을 갚지 못하고 채무 불이행 상태가 된 투자자를 레임덕이라고 불렀답니다.

그러다가 미국으로 건너가면서 정치권 용어로 쓰기 시작했습니다. 미국 남북전쟁 무렵, 재선에 실패한 현직 대통령의 남은 임기를 레임덕이라고 불렀습니다.

현직 대통령 임기가 남아 있는데, 새로운 대통령 당선인이 있는 상태이면 권력의 속성상, 떠오르는 태양에게 힘이 쏠릴 수밖에 없습니다. 그래서 재선에 실패하거나 재선 출마를 포기한 현직 대통령이, 남은 임기 동안 정책 방향을 잃어버린 채, 마치 뒤뚱거리는 오리처럼 중심을 잡지 못하고 헤매는 모습을 레임덕이라고 풍자했습니다.

그런데 오바마 대통령이 레임덕에 빠질 거라는 전망이 많습니다. 미국 중간선거에서 야당인 공화당이 연방 상원과 하원 의회에서 동시에 과반 의석을 차지했기 때문입니다. 2006년 부시 행정부 이후 8년 만에 공화당이 상하 양원을 장악하는 소위 여소야대 정국이 되었습니다. 이 때문에 오바마 대통령의 레임덕이 가속화되고, 국정운영 기조를 전환하라는 압력, 압박도 높아질 것이라는 전망입니다.

그런데 오바마 대통령의 임기가 아직 많이 남아 있습니다. 그 기간에 의회 때문에 힘을 제대로 쓰지 못하는 대통령이 된다면, 국가 전체의 손실입니다.

21

국선변호사와 일반변호사, 어떻게 다를까?

국선변호사라고 들어보셨나요? 국선변호사는 인기를 끌었던 드라마 주인공으로 나오기도 했습니다. 국선변호사와 일반 변호사는 어떻게 다를까요?

저소득층, 서민들을 변호하는 국선변호사에는 두 부류가 있습니다. 먼저, 예비명부에 등록한 변호사 중에서 법원이 무작위로 선정해 변론을 맡기는 일반 국선변호사가 있습니다. 이들은 한 사건당 수임료로 30만 원에서 40만 원을 받습니다. 일반적인 변호사들처럼 자신의 이름으로 독립 사무실을 내고 독자적인 변호 업무를 할 수 있습니다.

두 번째 부류는 법원에 채용돼서 월급을 받는 국선전담변호사입니다. 이들은 다른 변호업무는 하지 않고 오로지 국선 변호만 전담합니다. 즉 변호사를 선임할 수 없는 피의자와 피고인을 대신해서, 이들의 변론만 전담하게 되어 있는 변호사가 국선전담변호사입니다. 다만 친족이 당사자인 사건이나, 소송구조에 의한 민사사건은 예외적으로 허용됩니다.

국선전담변호사는 법원이 선발합니다. 2004년부터 선발하기 시작했는데, 1년에 한 번씩 공고를 냅니다. 2007년, 2008년까지만 해도 경쟁률이 2 대 1이 채 되지 않았는데, 지금은 평균 9 대 1 정도의 경쟁률을 보입니다.

경쟁률이 높은 이유는 로스쿨 제도가 도입되면서 변호사들이 많이 쏟아져 나오고 있기 때문입니다. 예전만큼 돈을 벌지 못하는 변호사가 많아지면서 변호사 개업을 하지 않고 직장에 들어가는 경우도 많고, 월 200만 원 정도의 월급만 받고 일하는 변호사도 있습니다.

그에 비하면 국선전담변호사는 대우가 나은 편입니다. 또한, 국선전담변호사가 되면 법원 경력판사 선발에서 유리한 점수를 받을 것이라는 기대도 있습니다. 실제로 2015년 법원이 경력판사를 처음 뽑았는데 그중 19%가 국선전담변호사 출신이었습니다.

국선전담변호사 월급은 대법원에서 지급합니다. 대략 800만 원 정도인데 경력 2년이 되지 않는 변호사는 월 600만 원 정도입니다. 여기에 사법발전재단에서 사무실 임대료 전액과 사무실 운영비로 1인당 50만 원을 더 받습니다. 이 돈에서 사무실 관리비라든가, 복사 비, 교통비, 식비 등의 유지비, 그리고 사무직원 월급까지 내야 합니다. 따라서 세금과 이런저런 경비를 떼면 한 달에 약 500~600만 원을 가져가게 됩니다.

국선전담변호사의 지위는 법원이 보장합니다. 법원이 계약 당사자이고, 2년마다 평가를 해서 계속 계약을 할지 말지 결정합니다. 후견인 역할도 법원이 합니다. 그렇지만 공무원 신분은 아니고 법원과 2

년 단위 계약을 해서 국선을 맡는 일종의 자영업자 변호사인 셈입니다. 2년마다 법원이 재계약을 결정하는데 판사들이 평가해서 재계약 여부를 결정합니다.

국선변호사는 형사사건만 맡습니다. 형사사건 중에서 피고인이 미성년자 또는 70세 이상의 고령이거나, 신체적 또는 정신적으로 장애가 의심되는 경우 그리고 혐의를 의심받는 범죄가 아주 중해서 바로 구속수사를 받게 되거나, 사형, 무기징역 또는 3년 이상의 징역이나 금고에 해당하는 형벌이 집행되기 전일 때 그리고 경제적 어려움으로 변호인을 선임하지 못하는 형사피고인도 국선변호인 선정을 청구할 수 있습니다. 사선 변호사를 선임할 능력이 없는 사람들만 도와주는 변호사가 국선변호사이기 때문에 국선변호 중간에라도 사선 변호사를 선임하면 국선변호사는 바로 변호에서 손을 뗍니다.

국선전담변호사는 전국 36개 법원에서 약 200명이 활동하고 있습니다. 한 사람이 한 달에 맡는 사건은 25건에서 30건 정도로 일반 변호사보다 일이 많습니다. 서울중앙지법의 경우, 형사사건의 절반 이상을 국선변호사들이 처리하고 있습니다. 그리고 최근 들어 성폭력 피해자의 보호가 중요해지면서 2013년 7월부터 성폭력 피해자 통합지원센터에 피해자 국선전담 변호사가 배치돼 활동하고 있습니다.

22

범죄 피해로 생계가 어려워졌을 때, 지원받는 방법

요즘 크고 작은 범죄 사건들이 터져 나오고 있습니다. 만약 범죄 피해를 보아서 경제적으로 어려움을 당할 때 국가로부터 어떤 도움을 받을 수 있을까요?

살인을 비롯하여 폭행, 강도, 성폭력, 방화 등의 강력 범죄만 1년에 30만 건 이상 발생하고 있습니다. 하루에 대략 800건 이상 발생하기 때문에 피해자도 상당히 많습니다.

2015년 정부가 범죄 피해자들에게 쓰는 예산은 915억 원입니다. 2014년 말에 범죄피해자보호기금법이 개정되어 594억 원에서 915억 원으로 늘었습니다. 이 돈으로 범죄 피해자와 유가족에게 심리치료 등의 지원을 하고 또 가해자를 대신해서 국가가 지급하는 피해자 구조금을 1인당 최대 9000만 원까지 지원할 수 있습니다. 치료비는 치료를 받은 뒤에 지급하고, 구조금은 검찰청에서 직접 지급합니다.

그런데 이 구조금은 범죄 피해자라고 해서 누구나 받을 수 있는 것은 아닙니다. 중대한 피해를 봤는데도 가해자를 알 수 없다거나, 가해자는 알지만, 제대로 피해보상을 받지 못하고, 생계유지가 곤란한 사정이 있으면 검찰청에서 범죄피해자나 유족에게 일정한 금액의 구조금을 지급합니다. 등급을 나누고 등급에 따라서 차등적으로 지원합니다.

범죄피해자 지원센터는 법무부에 등록된 사단법인입니다. 민간단체인데 전국 58개 지방검찰청마다 설치되어, 범죄피해자를 지원하는 일을 하고 있습니다. 이곳은 살인이나 살인미수, 강도, 폭행 등 강력범죄 피해자가 경제적 어려움을 겪을 경우, 피해자의 경제 사정에 따라서 한번에 50만 원까지 최대 네 번 생계비를 지원합니다. 또 자녀 학자금을 비롯하여 피해자의 치료비, 장례비, 심리치료비, 간호비 등도 지원합니다. 센터별로 협력 병원과 연계하여 도움을 주고 있습니다.

범죄 피해는 치료 기간이 오래 걸릴 수도 있고 재발할 수도 있습니다. 그럴 때 협력을 맺은 병원이나 상담소와 연계해서 도움을 주고, 초기에는 임시 주거 공간을 제공하기도 합니다. 그리고 센터에는 공익법무관이 있어서 재판과 관련한 자문이나 법정동행, 모니터링 등의 법률 지원도 하고 있습니다. 이 센터는 민간 사단법인이라서 법무부의 보조금과 함께 지방자치단체의 지원을 받고 운영위원회에서 기업이나 독지가의 기부를 받아서 보태기도 합니다.

알아두면 좋은 지원기관 번호

범죄피해자지원센터 연락처는 1577-1295, 여성긴급전화는 1366번, 〈ONE-STOP 지원센터〉는 117번, 대한법률구조공단은 132번입니다.

23

야스쿠니 신사의 뜻은?

야스쿠니 신사는 뉴스에서 자주 들을 수 있는 단어입니다. 저스틴 비버라는 캐나다 출신 팝스타도 아무것도 모른 채 이곳을 방문했다고 합니다. 야스쿠니 신사는 무엇일까요?

야스쿠니 신사는 일본 도쿄 중심부의 황궁 북쪽에 있습니다. 야스쿠니를 우리말로 읽으면 정국靖國, 평화로운 나라, 나라를 편안하게 한다는 뜻을 가지고 있습니다.

그렇다면 야스쿠니 신사는 무엇을 하는 곳일까요? 우선, 신사에 대해서 정확히 알 필요가 있습니다. 일본의 신사는 만물의 혼령을 모시는 사당을 말합니다. 전국 곳곳에 8만여 개가 있습니다. 신사중에서 규모가 가장 큰 대표적인 신사가 야스쿠니 신사입니다.

야스쿠니 신사는 메이지유신 직후인 1869년에 건립되었습니다. 막부幕府 군과의 싸움에서 죽은 자들의 영혼을 일본의 신으로 추앙하기 위해서입니다. 처음 명칭은 도쿄 쇼콘샤였고, 일본 전역에 세워진 쇼콘샤 가운데 황실이 나서 참배하는 신사였습니다. 1879년에 야스쿠니로 이름을 바꿨습니다.

유독 야스쿠니 신사에 큰 논란이 있는 이유는 제2차 세계대전의 일본인 전몰자 250여만 명의 위패가 있기 때문입니다. 이곳에는 1979년 태평양전쟁의 A급 전범 도조 히데키 등 일곱 명의 위패도 옮겨왔습니다. 이것이 일본 총리를 비롯한 정치인들의 참배가 국제적인 파문을 일으키는 중요한 이유입니다. 특히 일본 총리가 일본 군국주의의 상징인 야스쿠니 신사를 참배하는 것은, 일본이 우경화되어 군국주의 부활의 망상에 빠질 우려가 있기 때문입니다.

야스쿠니 신사는 2차 대전까지 일본 왕실이 경비를 부담하여 관리했습니다. 일왕과 국가를 위해 목숨 바치면 누구든 신의 반열에 오를 수 있다는 논리로 전쟁 희생자를 재창출하는 역할을 수행했는데 일본이 패전하고 국영 신사제가 폐지되면서 지금은 민간 종교법인의 성격을 띠고 있습니다.

24 우호의 상징 동물외교

중국에서는 상징적인 동물인 판다를 다른 국가에 임대해서 우의의 사절로 활용하는 판다 외교를 펼치고 있습니다. 이처럼 한 국가의 의미 있는 동물을 상대국에 전하는 외교 활동은 언제부터 시작되었을까요? 또 우리나라와 다른 세계 각국에서 외교에 활용한 동·식물은 어떠한 것이 있을까요?

당나라 황제가 일본에 백곰 두 마리를 보냈다는 기록이 있을 만큼 동물외교의 역사는 꽤 오래되었습니다. 판다 외교를 처음 시작한 때는 중·일 전쟁이 한창이던 1941년입니다. 당시 중국 국민당 정부의 장제스 총통이 중국을 지원해준 미국에 감사의 표시로 판다 한 쌍을 보냈습니다. 그리고 마오쩌둥 시절에는 우방국인 소련과 북한에 판다를 기증했습니다.

판다 외교가 유명해진 것은 미국 닉슨 대통령이 중국을 방문했을 때입니다. 1972년, 냉전이 한창이던 시절에 미국 닉슨 대통령이 중국을 방문했습니다. 이때 중국이 판다 두 마리를 기증했습니다. 당시 이 판다가 미국에서 큰 인기를 끌어서 '판다 효과'라는 말까지 생겼습니다.

그리고 중국이 보내는 판다는 임대입니다. 1983년에 워싱턴조약이 발효되어, 희귀동물은 다른 나라에 팔거나 기증할 수 없게 되었기 때문입니다. 그래서 중국은 상대국한테 돈을 받고 장기 임대하는 형식으로 판다 외교를 진행하고 있습니다. 편법인 셈인데, 우리나라에 오는 판다도 보호기금 명목으로 한 마리당 1년에 10억 원을 중국에 내야 합니다.

판다는 먹성이 좋아 죽순을 신선한 것으로만 하루에 40kg이나 먹습니다. 이 죽순을 매일 중국에서 들여와야 하고 완벽한 냉난방 시설을 갖춘 우리도 필요합니다. 또 성격이 까다로운 판다를 돌보려면 중국인 전속 사육사도 필요합니다.

판다가 중국에서만 서식하는 상징 동물이고, 희귀해서 자주 활용하는 하는데, 다른 동물을 보내는 경우도 많습니다. 중국은 1972년, 일본과도 동물을 주고받았습니다. 일본은 침팬지를 보냈고, 중국은 황새를 보냈습니다. 그리고 1990년대 이후에는 우리나라에 백두산 호랑이와 따오기를 보내기도 했습니다.

우리나라도 다른 나라에 동물을 보낸 적이 있습니다. 1995년에 제주산 천연기념물인 조랑말을 우정의 사절로 미국 하와이에 보냈다는 기록이 있습니다. 또 1998년에 고 정주영 현대그룹 회장이 소 떼를 몰고 북한을 방문했습니다.

한편, 푸틴 러시아 대통령이 한·러 수교 20주년 기념으로 시베리아 호랑이를 선물했습니다. 그런데 서울대공원 사육사가 호랑이에게 물려 숨지는 사고가 있었습니다. 양국 우호의 상징인 호랑이였는데, 끔찍한 사고가 나서 호랑이를 어떻게 처리해야 할지가 난처했던 경우였습니다.

유지비가 만만치 않지만,
중국이 아무한테나 주지 않는
귀한 선물을 받지 않을 수도 없습니다.
천진난만한 판다는
이런 사실을 알긴 알까요?

의사봉은 왜 세 번 두드리나?

국회의장이나 위원장들이 의사봉을 두드리는 모습을 자주 볼 수 있습니다. 의사봉은 왜 치며 세 번을 두드리는 걸일까요?

어떤 안건을 의결하고 결정을 할 때 반드시 의사봉을 쳐야 법적 효력이 생기는 것은 아닙니다. 국회법이나 관련 법률 어디에도, 의사결정을 할 때는 반드시 의사봉을 세 번 두드려야 한다는 규정은 없습니다. 두드리지 않아도 되는 오랜 관행일 뿐입니다.

그런데 관행이 굳어지다 보니, 의사봉이 일종의 정통성이나 합법성을 상징하는 물건이 되었습니다. 결정의 권위를 상징하는 물건으로 인식되고 있어서 의사봉은 회의장 분위기를 다잡거나 주의를 환기하기에 아주 좋은 도구입니다.

다른 나라는 의사봉을 세 번 두드리는 경우도 있고 두 번 또는 한 번 두드리는 경우도 있습니다. 또 의사봉 대신 종을 치는 나라도 있고, 아무것도 없이 의사진행을 하는 나라도 있습니다. 미국은 우리처럼 의사봉을 세 번 두드립니다. 그리고 "gavel to gavel."이라는 숙어

가 있는데, 개회부터 폐회까지
라는 뜻으로 쓰입니다.

의사봉을 세 번 치는 이유는 숫
자 3이 완성의 의미가 있기 때문
입니다. 무슨 일을 할 때 삼 세 번을 하
고, 만세도 세 번 외칩니다. 그리고 하늘, 땅, 사람 천지인天地人도 3이
고, 3·1절 독립선언도 33인이 했습니다.

그리고 공식적인 것은 아니지만, 국회에서 나름의 의미를 부여하
기도 합니다. 첫 번째 칠 때는 합의나 결정의 선포, 두 번째는 선포사
항의 잘못 또는 이의 여부 확인, 세 번째는 합의나 의결에 승복하는
것을 의미합니다. 이만섭 전 국회의장은 처음 칠 때 여당 의원석을 보
고, 두 번째는 야당 의원석을, 세 번째는 방청석의 국민을 보고 친다
고 합니다.

우리나라에서 가장 먼저 의사봉을 쓴 곳은 교회입니다. 1907년 평
양 장대재 교회에서 장로회 노회를 창설할 때 고퇴라는 의사봉을 썼
다는 기록이 있습니다.

또 1919년에 세워진 상해임시정부 때부터 의사봉을 사용했다는
얘기도 있는데, 정확한 증거는 아직 없습니다. 국회 사무처 역사를 기
록한 사사社史에는 "해방 이후 미 군정 당시 남조선 과도입법의원에서
사용해 온 것을 본받은 것으로 알려졌다."라는 기록이 있습니다.

국회에서 의사봉을 쓰기 시작한 때는 국회가 시작된 1948년 제헌
국회 때부터입니다. 당시 사용한 최초의 의사봉은 하와이 교민회가

정부수립 축하품으로 기증한 것이었습니다. 그런데 이 의사봉을 6·
25전쟁 중에 잃어버렸습니다. 그래서 다시 만들었는데 1960년 3월,
제4대 대통령과 부통령의 당선을 공표하는 국회 회의장에서 의사봉
머리가 빠지는 문제가 생깁니다.

이후 머리 부분 봉과 손잡이 사이에 쇠를 넣어서 다시 만들었는데,
너무 크고 무거웠습니다. 그래서 1981년 11대 국회 때 새로 제작했
고, 지금까지 본회의장에서 사용하고 있습니다. 본회의장뿐 아니라
예결위원회 회의장과 상임위원회회의장 등에도 있습니다. 과거에는
주로 박달나무로 만들었는데, 지금은 속이 붉고 재질이 단단한 아프
리카산 부빈가나무로 깎는다고 합니다.

미국 하원에서는 1700년대부터 썼을 것으로 추정하고 상원에서는
미국의 초대 상원의장인 존 애덤스가 1789년 봄 뉴욕에서 상원을 소
집해서 처음 사용했다고 합니다.

CHAPTER
3

원리가 보이는,
자연과학 이야기

01

반려동물들의 평균수명

요즘 반려동물을 키우는 가정이 많습니다. 반려동물과 정이 들면 언젠가는 가슴 아픈 이별을 해야 하므로 평균수명을 알고 이별에 대해서 미리 생각해두는 것도 필요합니다. 반려동물들의 평균 수명은 어떨까요?

개는 보통 12년에서 15년 정도입니다. 물론 더 오래 사는 개도 있습니다. 집에서 사는 고양이는 15년에서 20년까지 사는 것으로 알려졌습니다. 수의사 얘기를 들어보니 20년 전 학교에서 공부할 때는 반려동물 수명이 7~8년 정도로 10년이 채 안 됐는데, 지금은 많이 늘었다고 합니다. 과거와 달리 예방접종을 제때하고 조기에 질병을 찾아서 관리해주기 때문에 수명이 늘어난 것입니다.

동물의 1년은 사람의 5~7년이라는 말이 있는데, 대체로 그렇지만 딱 들어맞는 것은 아닙니다. 예컨대 개는 한 살 때 신체발육이 거의 완성됩니다. 따라서 사람 나이로는 열다섯 살로 보는 게 맞고, 개는 두 살이 되면 가장 혈기왕성한데, 이때가 인간의 나이 스물다섯 살입니다. 그 이후부터는 1년에 5년씩 늘어난다고 보면 됩니다. 나이가 들수록 비만이라든가 당뇨, 심장병, 퇴행성관절염, 신부전, 고혈압 등의 병에 걸릴 수 있습니다.

다른 동물들의 평균수명은 햄스터가 2년에서 3년, 쥐가 3년, 기니피그 7년, 돼지가 10~12년, 양이 14년, 비단구렁이 15년, 소가 15~20년, 말 35년, 코끼리가 약 60년입니다. 육식하는 동물들이 대개 수명이 짧고 채식을 하면 비교적 오래 삽니다.

그래서 새들이 비교적 오래 삽니다. 장수하는 새로 잘 알려진 학은 85년, 앵무새가 80년, 타조가 35년, 닭이나 오리도 10년 이상으로 알려졌습니다.

바다에서 사는 물고기들도 비교적 오래 삽니다. 고래는 종류가 워낙 많아서 수명이 다양한데, 보통 50~60년 정도 사는 것이 정설입니다.

거북이도 종류에 따라서 100년 넘게 장수하는 것들이 꽤 있습니다. 하지만 은어는 딱 1년만 살고 죽고, 송어는 4년 정도 산다고 합니다. 물고기들의 수명은 비늘과 평형석으로 알 수 있는 연륜을 보고 판단합니다. 왕게 등은 연륜이 없으므로 껍질, 갑각을 보고 추정한다고 합니다.

곤충의 수명도 재미있습니다. 개미 중에서도 일개미는, 6개월~1년 살다가 가고, 여왕개미는 5년 또는 10년 이상 삽니다. 벌도 비슷합니다. 일벌은 1년밖에 못 살지만 여왕벌은 로열젤리를 계속 먹기 때문에 5년 넘게 삽니다. 일개미와 일벌이 상대적으로 수명이 짧은 이유는 노동강도가 세고 위험한 환경에 많이 노출되기 때문입니다. 사람에게 잡히거나 밟힐 염려도 많아 오래 살지 못합니다.

그런데 왜 사람은 육식을 많이 하는데도 오래 살까요? 미국 국가과학아카데이 회보에 실린 미국의 한 연구팀의 논문은 다음과 같습니다. 인간은 비슷한 덩치의 다른 동물에 비해서 열량 소모량이 절반에 불과합니다. 결과적으로 신진대사가 느린 것이 노화를 지연시키는 원인이라고 합니다. 인간과 비슷한 덩치의 포유류가 소모하는 하루 평균 에너지양은, 인간이 마라톤을 하면서 소모하는 에너지양과 비슷합니다. 그리고 영장류가 포유동물보다 아이를 적게 낳는 것 역시 장수 비결 중 하나로 꼽히고 있습니다.

02

우리나라의 겨울도 추운데
철새가 이동하는 이유는?

> 겨울이 되면 우리나라를 찾아오는 철새들이 많습니다. 철새들은
> 어떻게 먼 거리를 날아오는 걸까요?

철새는 하늘을 높이 날아 이동합니다. 오리와 기러기류는 2,000m까지 올라가고, 두루미는 4,000m나 올라갑니다. 그리고 그보다 더 높은 높이로 히말라야 상공을 넘는 새들도 있다고 합니다. 높이 올라갈수록 산소가 줄어드는데 새들에게는, '기낭' 이라는 공기주머니가 따로 있습니다. 허파에 붙어있는 기낭은 내장이나 근육 사이에 끼어들고, 골격 속까지 들어가서, 새가 몸 크기에 비해 가볍게 날 수 있도록 합니다. 또 새가 숨을 내쉴 때 신선한 공기를 얼마간 저장합니다. 그래서 산소가 훨씬 적은 곳에서도 날아가는 것입니다.

철새들 이동 거리는 보통 수천 km에서 수만 km에 이릅니다. 철새 발목에 가락지를 달아서 조사해봤더니, 북극 제비갈매기는 놀랍게도 1만5000km에서 2만5000km를 날아서 목적지에 도착했습니다. 지구의 둘레가 약 4만km니까 지구 반 바퀴를 이동한 것입니다.

철새들이 이처럼 긴 거리를 이동하는 이유에 대해서는 여러 가지 의견이 있는데 계절이 바뀌면 새들이 번식하거나 먹이를 구하기가 어려워서 이동한다는 것이 대표적입니다. 한여름의 무더위나 한겨울의 추위가 닥쳐오면 목숨을 잃을 수도 있기 때문입니다. 그리고 빙하기 영향 때문이라는 의견도 있습니다. 빙하기 때 북쪽에 살던 새들이 남쪽으로 내려갔다가 빙하가 녹으면 다시 고향으로 돌아갔던 습성이 남아 있어서 이동한다는 것입니다.

우리나라의 겨울도 춥지만, 철새가 이동해오는 이유는 자신에게 유리한 환경을 찾아 이용하기 위해서입니다. 번식기에는 인적이 드물고, 먹이가 풍부하고, 경쟁이 적은 곳을 찾고 번식이 끝나면 추위를 피해서 따뜻한 지역으로 이동합니다. 겨울에 우리나라로 오는 철새들의 번식지는 주로 중국 북부, 몽골, 러시아, 북극권 등 우리나라와 비교되지 않을 정도로 추운 곳입니다. 땅이 대부분 얼고 먹이 활동도 거의 불가능해지는데 그에 비하면 우리나라는 따뜻한 편입니다.

많지는 않지만 새들도 길치가 있습니다. 간혹 가야 할 방향과는 전혀 다른 길로 접어들어서 이동할 방향과 180° 다른 곳으로 날아가기도 합니다. 그래서 아시아로 와야 할 새가 유럽으로 가기도 하고 반대로 유럽으로 가야 할 종들이 아시아로 오기도 합니다. 더 흥미로운 점은 그 새들은 본래 목적지로 가야 할 거리만큼만 이동하는 것입니다. 이동방향에 혼동이 올지는 몰라도 이동 거리는 일정하게 유지하는 것입니다.

철새들이 길치라서 길을 잃을 때도 있지만, 가장 흔한 경우는 태풍 같은 악천후를 만나서 떠밀리거나, 비바람을 피해서 원래 경로에서 크게 벗어나는 것입니다. 그렇게 길을 잃어서 도착한 곳이 원래 가려고 했던 곳보다 더 좋은 경우가 있는데, 그러면 다음부터는 이동 경로를 바꿔서 아예 잘못 찾았던 곳으로 찾아간다고 합니다. 철새들에게는 일종의 신대륙 발견인 셈입니다.

국내 철새연구센터에서 조사한 바로는 우리나라에서 번식하고 남쪽에 내려가서 겨울을 나는 철새는 수컷이 암컷보다 먼저 이동한다고 합니다. 암컷은 새끼를 성공적으로 키우기 위해서 기후나 먹이가 가장 적당한 시기에 맞춰서 날아가는 반면에, 수컷은 좋은 번식지를 먼저 차지하기 위해서 추위를 감수하면서 경쟁적으로 이동합니다.

그리고 기러기 떼를 보면 V자로 날아가는 것을 볼 수 있는데 보통 시속 50km에서 90km 정도 속도로 날아갑니다. 앞서가는 기러기가 날갯짓하면 맞바람과 부딪쳐서 소용돌이 상승기류가 발생합니다. 그러면 뒤에 따라오는 기러기들이 상승기류를 이용해서 맞바람의 저항을 덜 받고 힘을 아끼면서 날아갈 수 있습니다. 혼자 날아갈 때보다 훨씬 멀리, 오래 날아갈 수 있는 것입니다. V자 편대로 날아가면 혼자서 날아가는 새보다 무려 70%나 더 멀리 날아갈 수 있다고 합니다. 또 매나 독수리 같은 사나운 천적들의 공격도 막을 수 있습니다. 그리고 기러기들은 날아가면서 소리를 내는데, 선두에 선 기러기가 지치지 않도록 격려해주기 위해서라고 합니다.

03

까치가 울면
정말 좋은 소식이 오나요?

아침에 까치가 울면 반가운 손님이 올 것 같은 기분이 듭니다. 그
많은 새 중에서 왜 하필 까치가 울면 반가운 손님이 온다고 하였
을까요?

우리에게 까치는 어렸을 때부터 아주 친숙합니다. "까치 까치설날은
어저께고요. 우리 우리 설날은 오늘 이래요."라는 동요도 있고, 유치
를 빼면 지붕 위에 던지는 풍습도 있습니다. 까치가 뺀 이를 가지고
가서 새 이를 준다고 믿기 때문입니다. 그리고 까치밥으로 감나무의
감도 모두 따지 않고 몇 개씩 남겨 두었습니다. 우리 선조들은 까치를
아주 좋아했나 봅니다.

그도 그럴 것이 옛이야기 중 은혜 갚은 까치 이야기도 있습니다.
과거를 보러 가던 선비가 수컷 구렁이에게 잡아먹힐 위험에 빠진 까
치를 구해 주었습니다. 나중에 그 선비가 죽은 구렁이의 짝에게 죽게
생겼을 때, 그 까치가 머리로 절의 종을 들이받아 종을 울려서 선비를
구해 주었다는 이야기입니다. 까치를 싫어하면 이런 이야기도 없었

을 것입니다.

그래서 시, 도, 군 같은 자치단체들을 상징하는 새로 까치를 지정한 곳이 많습니다. 서울도 까치가 시조입니다. 전라북도, 성남시, 안성시 등 까치를 상징 새로 삼은 곳이 70군데가 넘습니다. 1964년에는 한 신문사에서 나라 새 뽑기 공모를 했는데, 이때도 압도적인 표차로 까치가 나라 새에 뽑히기도 했습니다.

그런데 왜 하필 까치가 울면 반가운 손님이 온다고 했을까요? 그 이유는 까치가 텃새인 데서 찾을 수 있습니다. 까치는 동네 어귀의 높은 나무에 둥지를 틀고 살아갑니다. 또 영리하고 눈이 밝습니다.

더 알아보기

이제는 유해조류가 된 까치

좋은 소식을 가져다준다고 믿었던 까치가 요즘에는 해를 끼치는 유해 조류로 꼽히는 경우가 많습니다. 전봇대에 집을 지어서 합선을 일으키는 경우도 있고, 배나 사과를 쪼아 먹어서 과수 농사를 짓는 농민들에게 피해를 주곤 하기 때문입니다. 옛날에는 구렁이 같은 까치의 천적들이 꽤 있었기 때문에 지금처럼 피해가 크지 않았습니다. 또 까치의 먹이인 작은 물고기, 개구리, 곤충, 곡식, 쥐가 많이 사라졌기 때문에 배나 사과를 먹는다고 합니다. 1980년대 초반까지만 해도 까치가 배나 사과를 먹지 않았고, 피해도 별로 없었다고 합니다.

그래서 마을에 늘 드나드는 사람이나 짐승을 멀리서도 알아볼 수 있습니다. 시각뿐 아니라 후각도 뛰어나서 멀리서 낯선 사람이 오면 까치가 높은 곳에서 금방 알아차립니다.

옛날에는 사람의 왕래가 잦지 않았기 때문에 까치가 마을 사람들 얼굴을 모두 알고 있었습니다. 그래서 외지에서 모르는 사람이 오면 울어댔던 것입니다. 까치가 진짜 반가워서 우는 것은 아니고, 경계의 표시로 울어대는 것인데, 마을 사람들은 이 모습을 보고 까치가 울면 반가운 손님이 온다고 생각했던 것입니다.

04

모기가 한번 사람을 물면
피를 얼마나 뽑아갈까?

여름에는 모기와의 한바탕 전쟁을 치르곤 합니다. 밖에 나가서 잠시라도 앉아 있으려고 하면, 모기가 온몸 여기저기를 물어 골치입니다. 모기는 왜 이렇게 시도 때도 없이 사람의 피를 빠는 걸까요? 또, 모기가 한번 물면 빠져나가는 피의 양은 얼마나 될까요?

모기는 원래 식물즙이나 수액을 먹고 삽니다. 사람을 물고 피를 뽑는 것은 암컷 모기입니다. 수정란을 갖게 된 암컷이 자신의 난자를 성숙시키기 위해서는 동물 단백질이 필요합니다. 피에는 단백질과 철분이 들어서 산란기 모기에게는 최고의 영양식입니다.

모기가 한번 물 때 빼내 가는 피의 양은 보통 3~5mg입니다. 우유 한 방울 정도 되는 양입니다. 10mg을 뽑는 큰 모기도 있지만, 대체로 5mg 안팎입니다. 이 양을 다 뽑으면 배가 불러서 더 이상 피를 뽑지 않습니다. 자기 원래 몸무게의 두세 배 되는 양이기 때문입니다. 다 뽑으면 꼼짝 않고 앉아서 소화를 시킵니다.

그런데 왜 한번 무는 것으로 끝내지 않고 몸 여기저기를 여러 번 물까요? 모기 한 마리가 그랬다면, 그건 필요한 피를 다 뽑지 못했기 때문입니다. 5mg 정도가 될 때까지는 사람을 계속 뭅니다. 모기도 한번 물면 그 자리에서 배를 채우고 싶어 하는데, 위협을 느끼면 할 수 없이 자리를 옮깁니다. 또 피를 뽑으려면 사람 혈관에 제대로 꽂아야 하는데, 그게 안 되면 여러 번 꽂을 수밖에 없습니다.

흡혈을 다 끝낸 암컷 모기는 5일 정도 있다가 알을 낳습니다. 한번에 150개 안팎의 알을 낳는데, 산란이 끝나면 한여름에는 이틀 만에, 그리고 봄가을에는 약 나흘 만에 다시 흡혈 활동을 시작합니다. 또다시 알을 낳기 위해서 사람 피에 들어있는 단백질을 보충하는 작업에 돌입하는 것입니다.

모기는 알 상태에서 12일이 지나면 번데기가 되고, 1~2일 후에는 성충이 됩니다. 그렇게 어른이 된 모기가 가장 먼저 하는 일은 짝짓기입니다. 수컷들이 모여서 날갯짓으로 소리를 내면 암컷이 그 소리를 듣고 수컷을 찾아가 사랑을 나눕니다. 그렇게 임신을 한 암컷 모기는 또다시 드라큘라 모기가 돼서 우리에게 달려듭니다.

05

봉숭아 물을 들이면,
수술할 때 마취가 안 될까?

어릴 적 여름방학이면 손톱에 봉숭아 물을 들이곤 했습니다. 봉숭아꽃과 잎, 백반을 찧고, 손톱에 올린 후 비닐로 싸두면 밤새 발갛게, 아주 예쁘게 물이 듭니다. 그런데 손톱에 봉숭아 물을 들여놓으면, 수술할 때 문제가 있다는 말이 있습니다. 정말일까요?

봉숭아 물이 첫눈 올 때까지 손톱에 남아 있으면 첫사랑에 성공한다는 속설이 있을 정도로 봉숭아 물 들이는 풍습은 우리에게 익숙합니다. 이 풍습은 꽤 오래전부터 전해져 오고 있습니다. 고려 시대 충선왕이 몽골에 끌려갔을 때, 함께 간 시녀가 조국인 고려를 잊지 못해서 봉숭아 물을 들였다고 합니다. 그것을 보고 충선왕이 용기를 얻어서 유배생활을 잘 견뎌냈고, 다시 고려로 돌아와서 왕이 되었는데, 그 일이 생각나서 궁녀들에게 손톱에 봉숭아 물을 들이게 했다는 것입니다.

그런데 봉숭아 물을 들이면 수술할 때 문제가 있다는 말을 한 번쯤 들어보았을 것입니다. 결론부터 말하자면, 틀린 얘기입니다. 그러나 봉숭아 물과 마취가 전혀 관련이 없지는 않습니다. 마취 중에 의사들은 산소공급과 말초 혈관 순환상태를 손톱이나 얼굴, 입술 등의 색깔 변화를 통해서 확인합니다.

저산소증이 나타났을 때는 손톱이나 발톱이 파랗게 변하는데 만약 손톱에 봉숭아 물이 들어있거나 매니큐어를 칠해놓았다면, 몸의 산소 상태가 어떤지 파악하지 못합니다. 그래서 봉숭아 물이 들어있으면 수술할 때 곤란하고 위험해질 수 있습니다. 하지만 마취가 되지 않는 것은 아닙니다. 같은 맥락으로 수술받기 전에는 매니큐어나 화장도 지워야 합니다. 화장하면 해당 부위의 색깔이 달라져서 환자의 상태를 정확하게 파악할 수 없기 때문입니다. 그래서 봉숭아 물을 들일 때는 다섯 손가락 모두에 들이기보다는 엄지와 검지를 뺀 세 손가락에 들이는 것이 좋습니다.

더 알아보기

마취에서 깬 후 헛소리를 하고 기억을 못하는 이유?

마취 후 깨어나서 헛소리하거나, 자기가 한 행동을 기억하지도 못하는 경우가 있습니다. 그런 현상을 섬망이라고 합니다. 섬망은 의학적으로 의식과 인지기능에 갑작스러운 변화가 일어나서 이상 증상과 징후들이 나타나는 상태를 말합니다. 즉, 자신이 기억하지 못하는 행동이나 말을 내뱉는 것입니다. 무의식 상태에서 의식 상태로 돌아오는 과정에서 발생하는데, 섬망 증상은 대개 단시간 내에 회복되기 때문에 걱정하지 않아도 됩니다.

06

왜 남자보다
여자의 수명이 더 길까?

남자보다 여자의 수명이 더 길다는 얘기를 들어보았을 것입니다. 그 이유로 남자가 술, 담배, 스트레스가 많기 때문이라는 얘기를 심심찮게 합니다. 그런데 남자만 술, 담배를 하고 스트레스를 받는 것은 아닙니다.

세계보건기구 WHO가 최근에 내놓은 통계를 보면, 2012년 태어난 우리나라 사람의 평균 기대수명은 여성이 84.6세, 남성 78세입니다. 여성이 남성보다 6.6년 더 오래 삽니다. 우리나라가 선진국에 가까워져서 그렇다는 얘기도 있는데, 여성들의 평균수명은 선진국, 후진국 기릴 것 없이, 어떤 나라든 남성보다 더 길게 나타나고 있습니다. 전 세계 평균수명을 보면 남성은 67.5세, 여성은 73.3세로 여자가 약 6년 더 오래 산다고 합니다. 우리뿐 아니라 전 세계적인 현상입니다.

　그동안의 통념으로는 술, 담배, 스트레스가 남성들의 수명을 단축하는 원인이라 추측했습니다. 남성들이 아무래도 사회생활을 더 많이 하다 보니 위험한 일도 많이 겪고, 직장에서 일하면서 스트레스도 많이 받고, 또 술이나 담배도 많이 한다고 생각하기 때문입니다. 그런데 이러한 사회적인 요인 외에도 생물학적 요인을 꼽는 학설이 꽤 있습니다.

첫 번째는 남녀 간의 염색체 차이 때문이라는 학설입니다. 남성의 염색체는 애초부터 활동의 속도가 여성보다 빠르도록 유전적으로 짜여있어서 수명도 짧을 수밖에 없다는 것입니다. 또 사람은 X염색체에 결함이 생기면 건강과 관련된 문제들이 발생하는데, 남성은 X염색체와 Y염색체가 각각 하나씩이지만 여성은 X염색체가 두 개 있어서 하나에 결함이 생겨도 나머지 하나가 이를 대신할 수 있다는 장점이 있습니다.

또 우리 세포 속에 들어있는 미토콘드리아 때문이라는 주장도 있습니다. 미토콘드리아 DNA의 변이가 남자의 노화를 촉진시킨다는 것입니다. 호주 과학자들이 초파리를 대상으로 실험해봤더니 미토콘드리아 DNA의 변이가, 유독 수컷의 노화만 촉진했다고 합니다.

또 하나는, 성호르몬 차이 때문입니다. 10대 후반에서 20대 초반의 남성들에게는 남성 호르몬인 테스토스테론이 많이 생깁니다. 이 호르몬으로 인해 남성들이 좀 더 과격하고 공격적으로 변하게 됩니다. 과격한 행동을 하다가 사고가 나는 경우가 많은 것입니다. 반면에 여성호르몬 에스트로겐은 동맥경화나 뇌졸중, 심장질환과 같은 심혈관 질환을 예방하는 역할을 한다는 주장도 있습니다.

그런가 하면, 남녀의 뇌 구조가 달라서 수명 차이가 난다는 연구도

있습니다. 남자는 분석적이고 언어적인 활동을 할 때 주로 좌뇌를 사용하는 반면에, 여자는 양쪽 뇌를 동시에 사용합니다. 이 때문에 남자는 뇌 손상에 취약하고, 그래서 오래 살지 못한다는 결론입니다.

그런데 여성들의 평균수명이 길긴 하지만, 건강한 상태로 생존하는 건강수명은 남성하고 큰 차이가 없습니다. 이것은 우리나라뿐 아니라 세계적으로 나타나는 현상입니다. 그러므로 여성들은 평균수명만 믿을 것이 아니라 건강을 잘 챙겨서 건강수명을 늘리는 것이 필요합니다. 남성들은, 생물학적으로 수명이 상대적으로 짧으므로 평소에 몸 관리를 잘해야 합니다.

인간은 몇 살까지 살 수 있을까요?

포유류는 대부분 성숙 기간의 6배를 생존할 수 있다는 것이 현재까지의 정설입니다. 사람은 성숙 나이인 20세의 6배, 즉 120세가 최대수명인 것입니다. 그런데 갈수록 의학기술이 발전하고 있어서 인간의 최대 수명이 150세를 넘어 170세도 가능하다는 주장도 있습니다.

07

태풍 너구리

> 여름과 가을에 태풍이 많이 발생합니다. 2014년에는 태풍 너구리
> 가 북상 중이라는 뉴스가 있었습니다. 태풍 이름은 누가 어떻게
> 정할까요?

태풍에 이름을 붙이는 이유는 같은 지역에서 동시에 하나 이상의 태
풍이 발생할 수 있기 때문입니다. 태풍 예보를 혼동하지 않게 하려고,
태풍이 발생한 순서대로 고유한 이름을 붙이는 것입니다. 태풍 이름
붙이기는 호주에서 시작되었습니다. 1953년 호주의 예보관들이 처음
으로 이름을 붙였다고 합니다. 처음에는 호주 예보관이 싫어하는 정
치가 이름을 붙였습니다. 싫어하는 정치가의 이름이 앤더슨이라면
"현재 앤더슨이 태평양 해상에서 헤매고 있습니다." 또는 "앤더슨이
엄청난 재난을 일으킬 가능성이 있습니다."라고 태풍 예보를 하는 식
이었습니다.

　호주에서 태풍에 이름을 붙인 이후에 미국 공군과 해군에서 공식

적으로 태풍 이름을 붙이기 시작
했습니다. 이때 예보관들은 자신
의 아내나 애인의 이름을 사용했
습니다. 그런데 각국 여성단체들이
항의해서 이후부터는 남자와 여자 이
름을 번갈아 사용했습니다.

그러다가 2000년부터 우리나라 말로
된 너구리, 나비, 개미라는 이름의 태풍이
올라오기 시작했습니다. 아시아 태풍위원회
에서 모든 태풍에 각 회원국의 고유 언어로 만든 이름을 10개씩 번갈
아 쓰기로 하자고 결정한 것입니다. 그 지역 국민의 태풍에 대한 관심
을 높이고 태풍 경계를 강화하자는 취지였습니다.

그래서 우리나라를 비롯해 북한, 미국, 중국, 일본, 캄보디아, 홍
콩, 필리핀, 태국, 말레이시아, 베트남, 라오스, 마카오, 미크로네시
아 14개 나라에서 각각 10개씩 이름을 제출했습니다. 세계기상기구
는 모두 140개의 이름을 태풍의 공식 이름으로 부여하고 있습니다.

태풍 이름을 매길 때는 140개의 태풍 이름을 우선 한 조에 28개씩
들어가도록 5개 조로 나눕니다. 1조 28개를 다 쓰고, 그다음 2조의
28개를 쓰는 식으로 1조부터 5조까지 차례로 사용합니다. 140개를
모두 사용 하고 나면 1조부터 다시 쓰는데, 태풍이 보통 1년에 30개
쯤 발생하니까 140개 이름을 다 쓰려면 4~5년 정도 걸립니다. 우리
나라 말은 북한과 합치면 스무 개이기 때문에 우리 이름으로 된 태풍

이 유독 많아 보입니다. 우리나라에서는 개미, 나리, 장미, 미리내, 노루, 제비, 너구리 등의 태풍 이름을 제출했고, 북한에서도 기러기, 도라지, 갈매기, 무지개 등의 이름을 냈습니다.

그런데 어떤 태풍이 막대한 피해를 주면 그 이름은 퇴출당합니다. 우리나라가 낸 이름인 태풍 나비의 경우, 2005년에 일본을 강타하면서 엄청난 재해를 일으킨 후 퇴출당했고 독수리라는 이름으로 대체되었습니다.

앞으로 나타날 태풍은
제발 퇴출당하지 않았으면 좋겠습니다.

08

수많은 생명을 앗아간
바이러스

에볼라 바이러스, 메르스 코로나 바이러스 등 바이러스는 전 세계를 벌벌 떨게 합니다. 이 세상에 바이러스는 대체 얼마나 있을까요? 그동안 우리 인류를 크게 위협한 바이러스는 어떤 것이 있나요?

우리 눈에 보이지 않는 바이러스는 종류도 많고, 끊임없이 지구촌을 흔들고 있습니다. 지구에서 가장 작은 생명체로, 만약 세균이 코끼리 크기라면 바이러스는 개미일 정도로 크기가 작습니다. 그래서 바이러스의 존재를 확인한 지 그리 오래되지 않았습니다. 바이러스로 수많은 인류가 사망했지만, 당시에는 그것이 바이러스인 줄 몰랐습니다. 바이러스 존재를 확인한 때는 1892년, 실제 눈으로 생김새를 확인한 것은 전자현미경을 발명한 1931년 이후입니다.

바이러스의 모습은 아주 단순합니다. 예를 들어 에볼라 바이러스는 마치 회충처럼 길쭉하게 생겼습니다. 다른 바이러스들도 그렇게 길쭉한 모습이거나, 공처럼 둥근 모습 둘 중 하나입니다. 지구에 있는 바이러스는 5,000가지 이상 있다고 하는데, 대부분 알려지지 않은 상태입니다. 바이러스는 먹지도 않고 생리대사 작용도 없습니다. 스스로 자라지도 못해서 숙주에 들어가 살면서 자신과 똑같은 모습을 복제하여 후손을 만들어 냅니다. 이 과정에서 숙주를 파괴하고 병을 일으키는데 이것이 바로 감염입니다.

바이러스는 전염성이 강합니다. 페스트 바이러스에 의한 흑사병은 바이러스와 전염병에 대한 인식조차 부족했던 14세기 중세 유럽을 공포의 도가니로 몰아넣었습니다. 이로 인해 무려 2000만 명 넘게 사망한 것으로 알려졌습니다. 이보다 더 많은 사망자를 낳은 스페인 독감은 1차 세계대전이 한창이던 1918년과 1919년에 발생했습니다. 2500만 명에서 5000만 명이 사망했다고 하는데, 1차 대전으로 죽은 사람이 850만 명이었으니, 얼마나 많은 사람이 독감 바이러스로 희생됐는지 짐작이 갑니다.

바이러스의 가장 큰 문제점은 새로운 바이러스가 계속해서 나오고 있다는 것입니다. 2002년 중국에서 처음 발생해서 순식간에 전 세계로 퍼지면서 800명이 사망한 사스 바이러스, 2004년 태국에서 발생해서 세계를 공포로 몰아넣은 조류인플루엔자H5N1가 있습니다. 최근 지구촌을 공포에 떨게 한 에볼라 바이러스는 1976년 콩고에서 발견됐고, 2014년 가을부터 중동지역에서 많은 사망자를 낸 후 2015년 우리나라를 뒤흔든 중동 호흡기 증후군MERS도 2012년에 처음 발견됐습니다.

인류는 항생제를 개발해서 바이러스를 물리치고 있는데, 처음으로 바이러스에 대응한 것이 바로 페니실린입니다. 1941년 페니실린을 개발하고 나서 페스트, 콜레라, 결핵 같은 세균성 전염병은 어느 정도 통제할 수 있게 되었습니다. 하지만 인류가 바이러스 감염을 예방하기 위해서 백신을 개발하는 동시에 바이러스도 전혀 다른 모습으로 변신을 거듭하고 있어서 완벽하게 막아내기는 어렵습니다.

09

환경 호르몬은 좋은 것도 있고, 나쁜 것도 있다?

뉴스에서 어떤 제품에 유독성 환경 호르몬이 검출됐다는 뉴스를 심심찮게 들을 수 있습니다. 환경 호르몬이라는 말만 들어서는 전혀 나쁜 것 같지 않은데, 환경 호르몬은 좋은 것도 있고 나쁜 것도 있나요?

환경 호르몬은 남성호르몬, 여성호르몬과 같은 우리 몸에서 만들어지는 호르몬이 아닙니다. 산업이나 생활에 필요해서 만든 물건, 물질이 많이 있는데 그 부산물에서 만들어져서, 우리 몸속에 들어와 호르몬과 같은 구실을 하는 화학 물질이 바로 환경호르몬입니다.

우리 몸에서 나오는 호르몬이 수십 가지가 있는 것처럼, 환경 호르몬도 지금까지 발견된 것만 100종이 넘습니다. 이것은 내분비계의 정상적인 활동을 가로막는 역할을 합니다. 다시 말해서, 인체 호르몬의 작용을 억제하기도 하고, 강화하기도 합니다. 그래서 학술적으로는 '내분비계 장애 물질' 이라고 부릅니다.

그런데 환경호르몬이라는 단어만 놓고 보면 환경을 원활하게 만드

는 물질이란 뜻인지, 환경오염물질 중에서 인체의 호르몬 기능에 악영향을 미치는 물질을 의미하는지가 모호합니다. 앞의 의미라면 매우 긍정적이지만, 후자라면 대단히 부정적입니다. 결론적으로 환경호르몬은 몸에 나쁜 영향을 미치는 쪽입니다.

환경호르몬이라는 용어를 쓰게 된 이유는 일본과 관계가 있습니다. 환경호르몬은 일본 도쿄 주민들한테서 가장 먼저 발견되었습니다. 도쿄 주민들의 호르몬계에 유난히 이상 현상이 많이 발견되자 사람들을 조사했습니다. 그랬더니 식수, 공기를 통해서 여러 가지 나쁜 물질들에 오염된 사실이 확인되었습니다.

이후 학자들은 방송에서 "환경 중에 배출된 화학 물질이 생물체 내에 유입돼서 마치 호르몬처럼 작용한다."라고 얘기했습니다. 내분비계에 장애를 일으키는 물질이라고 설명하면 사람들이 못 알아들을 것 같으니, 간단히 환경 호르몬이라고 한 것입니다. 그런데 정확히 하자면 인체 교란 호르몬 또는 반 환경 호르몬이라고 써야 맞습니다.

환경 호르몬으로 추정되는 물질로는 각종 산업용 화학 물질, 살충제, 농약, 유기 중금속류, 다이옥신류 의약품으로 사용되는 합성 에스트로젠류를 들 수 있습니다. 이 중에서 다이옥신은 소각장에서 전선이나 페인트 성분이 들어 있는 물질을 태울 때 발생하는 대표적인 환경 호르몬입니다.

최근 주목받고 있는 게 알킬페놀류인데, 합성세제라든가 세척용 제품, 플라스틱, 고무제품, 농약, 윤활유, 모발 염색약이나 모발 관리 제품 등에 사용하는 물질입니다. 그래서 소각용 쓰레기봉투에는 태울 때 환경호르몬이 발생할 물건이나 물질이 섞이지 않도록 따로 철저히 분리해서 수거해야 합니다.

일상생활에서 환경호르몬을 조심하는 방법 몇 가지가 있습니다. 집에서 음식물, 특히 산성이 강한 음식물을 오래 보관할 때는 플라스틱 용기를 사용하지 않는 게 좋습니다. 뜨거운 음식을 용기에 담아야 할 때는 될 수 있으면 도자기제, 금속제 등을 사용하는 게 좋습니다. 아이들이 플라스틱 장난감 등을 입에 넣지 않도록 주의하고, 캔에 열을 가한 제품 역시 주의해야 합니다.

10

제설제는
어떻게 눈을 녹일까?

눈이 온 뒤에 출퇴근길은 꽁꽁 얼어붙습니다. 그래서 눈이 마냥 좋지 않은 분들도 많이 계십니다. 이때 도로에 제설제를 자주 뿌리곤 합니다. 눈을 녹이는 제설제는 어떤 원리로 눈을 녹일까요?

제설제로 사용되는 물질은 소금, 염화나트륨 그리고 염화칼슘이 있습니다. 그 외에 친환경 제설제도 비중은 작지만 사용하고 있습니다. 이러한 제설제의 원리는 어는점과 관련이 있습니다. 하늘에서 내리는 눈에는 얼음과 물이 섞여 있는데 눈에 있는 물이 얼음이 되게 만드는 응고열을 제설제가 빼앗아가는 것입니다. 즉, 눈의 어는점을 낮춰서, 눈이 얼지 않고 녹아버리도록 하는 게 바로 제설제입니다.

물은 섭씨 100℃에 끓고, 0℃에 업니다. 하지만 바닷물이나 강물은 기온이 영하로 떨어져도 얼지 않습니다. 염화칼슘과 같은 염이나 불순물이 녹아 있는 용액은 어는 온도가 0℃ 이하로 내려가기 때문입니다. 그래서 짜디짠 바닷물이나 불순물이 있는 강물은 기온이 더 떨어져야 어는데 염화칼슘을 비롯한 제설제의 특징이 바로 물의 어

느점을 낮추는 것입니다. 제설제가 눈을 녹이더라도 어는점을 내리는 효과를 상쇄할 정도로 기온이 내려간다면 아무리 제설제를 뿌린다고 해도 소용이 없습니다. 녹았던 눈이 다시 얼어붙으면, 오히려 도로가 더 미끄러워져서 교통사고를 유발하는 요인이 되기도 합니다.

그리고 염화칼슘이나 소금을 뿌린 도로를 달리는 자동차는 차체가 쉽게 녹이 슬어버립니다. 염소 성분이 철을 부식시키기 때문입니다. 자동차뿐 아니라 중앙분리대 같은 철제 구조물도 훼손됩니다. 또 환경에도 좋지 않습니다. 땅에 스며들면 수분을 흡수해서 가로수를 비롯한 식물들을 잘 자라지 못하게 만들고, 미생물의 활동도 제약합니다.

동물들에게도 물론 좋지 않고 도로훼손에도 일조해서 포트 홀을 만들기도 합니다. 그래서 친환경 제설제를 써야 한다는 지적도 많지만 아직은 양이 얼마 되지 않습니다. 서울시는 소금 70%, 염화칼슘 20%, 친환경 제설제 10% 정도로 사용합니다. 가격이 낮을수록 사용량이 많습니다. 소금보다 염화칼슘 가격이 두 배 정도 높고, 친환경 제설제는 소금의 4~5배 가격입니다. 서울시는 제설제를 사는 돈을 포함해서 연간 제설대책에 들어가는 비용이 60억에서 70억 원 정도인데, 예산 제약이 크기 때문에 친환경 제설제 사용이 어렵다고 합니다. 실제로 서울시가 겨울에 쓰는 제설제 양은 69,000t이었습니다.

제설제를 뿌리는 기준은 적설량에 따라서 달라지는데, 3cm 미만이면 제설제를 뿌립니다. 눈이 3~10cm 사이로 내리면 먼저 제설 삽날을 장착한 차량으로 쌓인 눈을 밀어내고, 제설제를 뿌립니다. 10cm 이상 폭설이 내리면, 눈 밀어내기와 눈 실어내기, 제설제 뿌리기를 반복해서 합니다.

서울시에는 제설제 살포기가 816대, 제설 삽날이 262대가 있습니다. 자동 염수 분사 장치도 있습니다. 눈이 내려서 쌓이지 않도록 염수, 즉 소금물을 뿌리는 장치입니다. 남산1호터널 남쪽을 비롯한 동작대교 북쪽 램프, 남산의 소월길, 소파길, 내곡IC 램프 등 모두 15군데의 취약 도로에 이 장치가 설치되어 있습니다.

도로 제설 관리는 다음과 같습니다. 주요 간선도로를 비롯한 4차선 이상 도로는 거의 시도市道(시가 관리하는 도로)라서 6개 서울시 도로사업소가 맡습니다. 25개 자치구는 일부 시도를 비롯한 구가 관리하는 구도區道, 이면도로 제설작업을 맡습니다. 그리고 시설관리공단이 내부순환도로, 올림픽 도로 같은 자동차전용도로를 책임집니다.

11

달력 요일
순서의 기원은?

한주의 시작은 보통 월요일로 생각합니다. 하지만 달력을 보면 일요일이 맨 앞에 있어서 한주의 시작을 일요일로 생각해야 하는 건지, 아니면 월요일로 생각해야 하는 건지 헷갈립니다. 또한 달력은 누가 처음으로 만들게 되었을까요?

지금은 너무나 당연하게 생각하는 날짜나 달의 개념을 인류가 알아내기까지는 시간이 꽤 걸렸습니다. 하늘에서 어느 날 갑자기 알려준 것이 아니고 농사나 생활의 필요에 따라 낮과 밤이나, 계절 변화 등을 지켜보면서 일정한 패턴을 알아차렸을 것입니다. 그래서 실제로 완벽한 달력을 만들기까지 많은 시행착오를 거쳐야 했습니다.

일주일이 7일이 된 것은 성서에서 한 주를 7일로 나눈 것에서 비롯되었습니다. 구약성서 창세기에 "하나님이 엿새 동안 천지 만물을 창조하고, 일곱째 날에 쉬었다."는 구절이 있습니다. 이스라엘 사람들은 한 주를 구성하는 7일에 대해서 요일 대신 '첫째 날, 둘째 날,⋯, 일곱째 날'로 불렀습니다.

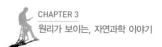

요일에 지금 같은 이름을 붙인 것은, 기독교를 공인한 로마 황제 콘스탄티누스입니다. 서기 321년에 콘스탄티누스 황제가 각 요일의 명칭을 정했습니다. 이 이름은 고대인들이 관찰할 수 있었던 태양과 달을 포함한 일곱 행성에서 따온 것입니다. 일요일은 해의 날, 월요일은 달의 날, 화요일은 화성의 날, 토요일은 지구에서 가장 멀다고 생각했던 토성의 날입니다.

그리고 매주 첫째 날인 일요일은 휴일로 하라는 칙령도 발표했습니다. 당시 일곱째 날, 즉 토요일을 안식일로 지켜오던 유대인들과 일부 기독교인들이 반대했지만, 대다수 로마인이 칙령을 지지해서 일요일 휴일이 정착되었습니다. 또 콘스탄티누스 황제는 로마의 달력에 유대인과 기독교인들이 쓰고 있던 일주일을 도입했습니다.

요일의 이름은 바빌로니아의 점성술에 근간을 두었습니다. 일곱 행성 중에서 계급이 가장 높은 신이 태양신이었습니다. 당시 로마인 대다수는 태양신 미트라를 믿었기 때문에, 태양신 교도들을 배려하기 위해서였다고 합니다.

달력의 효시는 태음력입니다. 고대 메소포타미아 사람들이, 달이 차고 기우는 주기에 따라서 29일 또는 30일을 한 달로 정하고, 열두 달을 1년으로 하는 태음력을 사용했다고 합니다.

태양력을 최초로 사용한 사람은 고대 이집트인들입니다. 그런데 이집트인들 쓴 태양력은 오차가 많았습니다. 그래서 로마 황제 율리우스 시저가 기원전 46년에 율리우스력을 만들었습니다. 이 달력이 처음으로 1년을 지금처럼 365일로 정했습니다. 또 4년마다 하루를 더해서 윤년을 만들었습니다. 비교적 정교한 달력이었는데, 이것도 완벽하지는 않았습니다. 그래서 1582년 로마 교황 그레고리우스 13세가 다시 달력을 과학적으로 만들었습니다. 이 달력이 그레고리력이며. 현재까지 사용하는 달력입니다.

12

조선 시대의 휴일

요즘은 쉬는 걸 넘어서, 잘 놀아야 성공한다고 합니다. 공장의 기계도 휴식이 필요한데, 하물며 사람이야 더 말할 것도 없습니다. 요즘은 많은 사람이 주5일 근무를 합니다. 옛날에도 지금처럼 일요일과 공휴일이 있었을까요?

고려 시대, 조선 시대는 농업이 중심인 사회였기 때문에 출퇴근 개념이 없었습니다. 대부분 절기에 맞춰서 농번기에는 열심히 농사를 짓고, 명절에 쉬고, 농한기에는 조금 한가하게 지내는 생활이었습니다.

과거에 급제해서 벼슬을 하는 관리들은 출퇴근했는데 기록을 보면, 봄과 여름에는 묘시(오전 5시~ 7시)에 출근해서, 유시(오후 5시~ 7시)에 퇴근했습니다. 가을과 겨울에는 두 시간 늦춘 진시(오전 7시~ 9시)에 출근하고 신시(오후 3시~ 5시)에 퇴근했습니다. 당시에는 지금처럼 전깃불이나 가로등이 없었기 때문에 낮의 길이, 해의 길이에 따라서 출퇴근 규정이 다를 수밖에 없었습니다.

조선 시대에는 일요일이 있는 1주일 제나, 주말 개념이 없었기 때문에 정규 휴일은 없었던 것으로 보입니다. 그러나 나라의 국경일과 국기일國忌日(왕이나 왕비가 돌아가신 날)은 업무를 하지 않는 쉬는 날이었습니다. 당시 국경일은 왕과 왕비, 왕대비의 생신일 그리고 설과 추석 같은 명절 등이었는데 조선 생활사를 연구한 학자들의 논문에 의하면 조선 시대 관리들의 휴무일은 대체로 20여 일 정도였을 것으로 추정됩니다.

조선 시대 관리들은 휴무일이 짧은 대신에 휴가가 있었습니다. 부모상을 당했거나, 부모가 위독한 경우 본가에 다녀오라고 이동 거리에 따라서 따로 휴가가 나왔습니다. 관리들이 일반적으로 1년 근무를 300일 정도로 계산했으니 휴무일과 휴가를 합쳐서 60일 정도는 쉴 수 있었을 것입니다. 그런데 옛날에도 맡은 직책과 임무에 따라서 휴무일이나 휴가를 반납한 경우가 꽤 있었다고 합니다. 특히 국왕은 국기일과 명절에만 쉴 수 있었고 그나마도 급한 일이 있는 경우에는 쉬지 못했다고 합니다.

중앙 고위관료들도 하급관료보다 쉬는 날이 적었을 것으로 추정됩니다. 그런데 공식적인 공휴일은 적었지만, 기관마다 내규로 비번을 정해서, 서로 돌아가면서 일을 하지 않는 날을 정했다는 얘기도 있습니다. 비번이 돌아오는 날은, 집에서 휴식하거나 사적인 용무를 봤다고 합니다. 유생들이 공부하는 성균관에서는 매월 8일과 23일을 휴무일로 정했다고 합니다.

세종대왕 때에는 육아휴직도 있었습니다. 당시 관에서 일하는 여성 노비가 출산하면 7일간의 출산휴가를 주었는데 세종대왕은 즉위

5년이 되던 해에 노비의 휴가를 100일로 늘렸고 7년 뒤에는 아이를 낳는 산달에도 휴가를 주었다고 합니다. 그러니까 모두 130일의 출산 휴가를 준 셈입니다. 그뿐만 아니라 세종 16년에는 출산한 여종의 남편에게도 산모를 돌보라면서 30일의 휴가를 주었습니다.

13

드럼세탁기의 표기시간,
실 세탁 시간 차이 나는 이유는?

드럼 세탁기로 세탁할 때, 세탁시간이 2시간 02분이라고 나옵니다. 그런데 실제로 세탁을 하면 항상 그보다 많은 시간이 걸립니다. 왜 그럴까요?

세탁기에는 두 가지 종류가 있습니다. 드럼세탁기와 통돌이 세탁기입니다. 드럼세탁기가 나오기 전에는 주로 통돌이 세탁기를 썼지만, 지금은 드럼세탁기가 좀 더 많이 팔린다고 합니다.

세탁기에 표시되는 시간보다 실제 세탁시간이 더 걸리는 첫 번째 원인은 수압 차이 때문입니다. 제조업체에서 세탁기를 만들 때, 세탁기 작동시간은 온수, 냉수 수도꼭지가 모두 연결된 상태에서 일정한 기준 수압으로 세팅됩니다. 그래서 소비자 가정의 수압이 기준 수압보다 낮다면, 물이 천천히 투입되어 물을 받는 시간이 더 걸릴 수 있습니다. 수압이 센 집이면 시간이 단축됩니다.

두 번째 원인은 세탁물의 균형 상태와 관련이 있습니다. 세탁하다 보면 세탁물이 한쪽으로 쏠리는 경우가 생기는데, 그러면 탈수 단계

로 넘어가지 못하게 됩니다. 그래 서 세탁물의 균형을 맞추기 위해서 자동으로 세탁물을 이리저리 돌리 게 되는데, 이러면서 시간이 걸립 니다.

또 일반적으로 드럼세탁기가 통 돌이 세탁기보다 세탁시간이 더 오 래 걸리는데, 이는 탈수 시간 때문 입니다. 드럼세탁기는 탈수할 때 RPM, 즉 회전력을 더 높이 올리는데 이때 시간이 좀 더 걸립니다. 또 드럼 세탁기 구조상 세탁물의 균형을 맞추느라 시간이 더 걸리기도 합니다. 그런데 요즘은 스피드 세탁 기능이 있어서 드럼세탁기 세탁 시간이 항상 긴 것은 아닙니다.

드럼 세탁기는 옷감 손상이 적은데 이는 세탁 방식과 연관이 있습 니다. 드럼세탁기는 통이 회전하면서 빨랫감이 위쪽으로 올라갔다 가 낙하하는 방식으로 세탁됩니다. 그래서 세탁물끼리의 마찰이 별 로 일어나지 않아 옷감 손상이 적습니다. 반면에 통돌이 세탁기는 빨래판이 회전하면서 물의 흐름을 일으키고, 빨랫감을 비벼빠는 방 식으로 때를 뺍니다. 옷감끼리 직접 부딪치는 게 많으니까 드럼세탁 기 보다 옷감 손상이 더 됩니다. 드럼세탁기는 낙차 힘만을 이용하 므로 서로 비벼 빠는 통돌이 방식보다 덜 깨끗하게 빨릴 수도 있습 니다.

14 선풍기를 틀고 자면 위험하다?

여름에 간혹 선풍기를 틀어놓고 자다가 사망했다는 소식이 들리는데, 선풍기를 틀고 자면 진짜로 죽을까요?

법의학자나 과학자들은 그럴 수 없다고 얘기합니다. 사람이 질식사하려면 선풍기 바람이 태풍처럼 아주 세야 한다고 합니다. 방문이 닫혔다고 해도, 저산소증이나 이산화탄소 중독으로 죽을 정도로 산소비율이 떨어질 수는 없습니다.

선풍기 바람 때문에 저체온증이 생긴다는 얘기도 있는데, 우리 몸은 중심부 체온이 35℃ 미만으로 내려가고, 28℃ 미만까지 떨어져야 심폐 기능이 정지됩니다. 이 과정에서 사람은 체온을 유지하기 위해서 주변에 있는 이불을 끌어당기거나, 선풍기를 끄게 돼 있습니다.

다만 갓난아기는 선풍기 바람을 10분 정도 쏘이면 체온이 1℃ 정도 내려가기 때문에, 갓난아기에게는 아주 약한 바람을 틀어주는 게 좋습니다. 그리고 혹시모르니 성인일지라도 밀폐된 공간에서 선풍기를 세게 틀어놓고 자는 것은 피하는 게 좋습니다.

더 알아보기

선풍기 바람 세기에 따라 전기료가 다르다

선풍기는 바람 세기가 1, 2, 3단 또는 미풍, 약풍, 강풍이 있습니다. 요즘은 5단계까지 나오는 제품도 있습니다. 바람을 세게 하려면 선풍기 날개를 더 빨리 돌려야 하므로 바람 세기에 따라 전기료가 달라집니다.

1등급 선풍기를 기준으로, 초초미풍은 한 시간에 5w, 초 미풍은 8w, 미풍은 24w, 약풍은 30w 마지막으로 가장 센 강풍은 35w입니다. 가장 약한 바람이 5w고, 가장 센 바람이 35w면, 7배나 차이가 나므로 생각보다 많은 차이가 있습니다. 3단계로 돼 있는 제품은 미풍 30w, 약풍 37w, 강풍 47w였습니다.

미풍으로도 더위를 식힐 수 있을 정도라면 굳이 바람을 세게 틀어놓을 필요는 없습니다. 전기요금만 더 나가기 때문입니다. 또 요즘 선풍기에는 회전이 자동으로 빨랐다 늦었다 하는 자연풍도 있는데, 강풍으로 틀어놓는 것보다는 전기료가 적습니다.

온도 단위
섭씨와 화씨는 한자다

기온이 올라가고 날이 더워질 때, 일기예보를 들어보면 기온이 섭씨 몇도 까지 오르겠다고 예보를 합니다. 여기서 섭씨는 무슨 뜻이고, 또 화씨는 무엇일까요?

지금과 같은 외래어 표기법이 없었던 시절, 1900년대 초부터 우리 선조들은 나폴레옹을 나파륜으로 불렀습니다. 또 수학자 피타고라스는 피택고皮宅高로 썼습니다. 이렇게 외국 이름을 비슷한 한자로 옮겨 쓰는 것을 음을 취했다고 하여 취음이라고 합니다. 섭씨, 화씨 역시 취음의 산물입니다.

전 세계적으로 가장 많이 사용하는 온도가 섭씨온도입니다. 물이 끓는점과 물이 어는점을 온도의 표준으로 정하고, 그 사이를 100등분 한 온도 눈금입니다. 단위 기호는 ℃(도씨)로 나타냅니다. 이 온도계를 만든 사람이 스웨덴의 셀시우스Celsius 입니다. 그런데 셀시우스를 취음한 이름이 '섭이사' 입니다. 이 이름에서 첫 글자 '섭' 을 따오고, 거기에 성씨를 나타내는 씨氏를 붙여서 섭씨라고 부른 것입니다.

섭씨와 함께 많이 쓰이는 온도 측정 단위가 화씨입니다. 이 화씨온도는 독일의 파렌하이트Fahrenheit가 처음으로 제안한 온도 단위입니다. 이 파렌하이트의 음역어가 '화륜해'인데, 여기서 첫 글자 '화'를 따오고, 역시 성씨를 나타내는 씨氏를 붙여서 화씨라고 부릅니다. 원래는 셀시우스 온도, 파렌하이트 온도라고 불러야 하지만 섭씨, 화씨가 오랫동안 쓰다가 굳어지면서, 어디서 왔는지 기원도 잘 모른 채 섭씨, 화씨를 쓰고 있는 것입니다.

온도계를 만든 것은, 과학사에서 가장 획기적인 사건 중 하나로 꼽힙니다. 17세기 초에 이미 갈릴레이와 그의 제자들이 온도계를 만들기 시작했고, 18세기에 파렌하이트와 셀시우스가 정확한 온도계를 만들었습니다. 섭씨, 화씨가 원이름과는 동떨어진 말이기 때문에 외래어 표기 등에 비판적인 이들은, 원래 이름대로 써야 한다고 주장하고 있습니다.

16

냉장고의 크기 리터는
어떤 기준일까

> 냉장고의 리터는 어떻게 측정하나요? 리터는 양문형이 일반보다
> 더 크던데 내용물을 넣다 보면 양문형은 얼마 들어가지 않습니
> 다. 이것은 왜 그런 걸까요?

냉장고 용량을 측정하는 방법은 산업통상자원부 산하 기관인 기술표
준원에서 제정했습니다. 냉장고 KS 규격 측정 방법인데, 이 방식은
일종의 블록 쌓기, 또는 퍼즐 맞추기와 비슷합니다. 우선, 도면상의
치수로 용적을 계산합니다.

즉, 냉장고의 **넓이×높이×깊이**를 해서 전체 부피, 용적을 구해놓습
니다. 그다음 냉동실과 냉장실 내벽 내부를 계산하기 쉽게 각각 10개
에서 15개의 구역(블록)으로 잘게 나눕니다. 그리고 각각의 작은 구역
의 부피를 다 더하면 이게 총용량이 됩니다.

그런데 냉장고 공간이긴 하지만 실제로 사용하지 못하는 부분도
있습니다. 예를 들면 냉장고 안쪽의 모서리 둥근 부분, 문 쪽 걸림 턱
입니다. 이 부분의 부피를 빼면 실제 냉장고 용량이 됩니다.

그런데 냉장고 속에 물을 다 채워서, 그 물이 들어간 양을 보고 용량을 따지는 경우도 있었습니다. 국내 가전업체 두 곳이 냉장고 용량을 놓고 크게 다툰 적이 있습니다. 그때 한 업체가 들고나온 방식이 바로 냉장고에 물 붓기입니다. 냉장고를 눕힌 다음에 물을 붓고 들어간 물의 양이 얼마나 되는지를 보는 방식입니다.

그런데 상대 회사에서는 이런 방식으로 용량을 측정하는 나라가 없고 정부가 정한 방식대로 해야 한다고 주장했습니다. 이 다툼은 법정까지 갔는데 결국 화해로 종결되었습니다.

사실 소비자들이 용량을 10ℓ, 20ℓ 더 큰 것을 요구하는 것은 아닙니다. 양문형이 일반보다 더 큰 리터인데 체감으로는 느껴지지 않는 경우가 있습니다. 그런데 양문형이든, 일반형이든, 용량 측정 방식은 똑같습니다. 그래서 양문형이라고 덜 들어갈 수는 없습니다. 다만 600ℓ 이상의 양문형 냉장고를 산 소비자는, 전에 쓰던 일반형보다 훨씬 많이 들어갈 것이라는 기대가 있어서 기대만큼 체감하지 못하는, 심리적인 측면이 있지 않을까 싶습니다.

우리나라 냉장고가 흰색인 이유

우리나라 냉장고는 주로 흰색이 많습니다. 그런데 최근 이탈리아에서 수입된 제품 중에는 여러 가지 예쁜 컬러로 된 냉장고가 있습니다. 가전회사에서는, 소비자 기호의 문제일 뿐이지, 예쁜 컬러의 냉장고를 못 만들어서 안내는 게 아니라고 얘기합니다. 실제로 대형냉장고 말고 소형냉장고는 비교적 다양한 색깔로, 화려한 파스텔 톤 냉장고도 나오고 있습니다. 냉장고는 1~2년 쓰고 버릴 제품이 아니므로 소비자 조사를 해보면 튀는 색보다는 무난하고, 은은한 색상을 좋아합니다. 요즘에는 메탈 제품이 인기를 많이 끌고 있습니다. 냉장고 색깔이 너무 튀면 주방 분위기나 다른 가구, 가전제품과 어울리지 않을 수 있기 때문입니다.

노래방 점수, 왜 노래 못하는 사람이 더 잘 나올까?

노래방에서 노래를 부르다 보면 분명 음치인데 100점이 나오는 경우가 있습니다. 노래방 기계는 어떻게 점수를 측정할까요?

노래방의 노래 채점 방식은 두 가지입니다. 일반 채점방식과 정밀 채점방식입니다. 먼저, 일반 채점 방식은 우리가 마이크를 잡고 노래를 부를 때, 가사가 나오는 그 시점에 마이크로 소리가 어느 수치 이상이 들어가면 채점이 되는 방식입니다. 음정이 다소 불안정하더라도 박자를 잘 맞추기만 하면, 가사가 나올 때만 소리를 잘 내도 높은 점수를 받을 수 있습니다. 그리고 노래방 사장님이 사전에 점수를 설정하는 기능이 있습니다. 노래를 아무리 잘해도 100점이 안 나오게 할 수도 있고, 노래를 못 불러도 대부분 100점이 나오게 할 수도 있습니다.

정밀채점 방식은 4~5년 전부터 도입된 새로운 방식입니다. 노래를 부를 때 박자가 맞는지, 늦게 부르지 않는지를 정확히 체크합니다. 박자와 음정 변환을 실시간으로, 정밀하게 채점해서 점수를 매깁니다. 일반 채점 방식보다는 노래를 못하는 사람이 점수를 잘 받기 어려운 방식입니다.

노래방에서 점수 잘 나오는 방법에는 무엇이 있을까요? 첫째, 노래를 딱딱 끊어서 부르면 안 됩니다. 부드럽게 이어서 불러야 점수가 잘 나옵니다. 둘째, 노래방 화면 보면 가사 색깔이 변하는데, 그 색깔이 변하는 것에 맞춰서 잘 맞게 불러야 합니다. 색깔이 천천히 변할 때는 끊지 않고 길게 늘어지게 불러야 점수가 높아집니다. 셋째, 노래 첫음절을 놓치고 못하면 점수가 잘 안 나오니까 처음에 잘해야 합니다. 또 마이크를 가까이하면 아무래도 성량이 풍부하게 입력되니까 점수로 인식이 잘됩니다. 점수가 잘 나오는 노래를 선곡하는 것도 중요합니다. 악보 상의 음표가 큰 변화가 없는 노래, 조용하고 쉬운 노래가 점수가 잘 나오는 편입니다.

18 노벨물리학상을 받은 아인슈타인 은 상금을 손에 넣지 못했다

노벨 평화상은 다른 노벨상과 달리 노르웨이에서 상을 줍니다. 같은 노벨상인데, 왜 노벨 평화상만 노르웨이에서 시상할까요?

노벨상은 매년 12월 10일(노벨의 기일)에 평화상을 제외한 5개 부분 생리의학상, 물리학상, 화학상, 문학상, 경제학상을 시상합니다. 시상식은 스웨덴의 수도인 스톡홀름 콘서트홀에서 거행되고, 스웨덴 국왕이 시상합니다. 그런데 노벨 평화상 시상식은 스웨덴이 아닌 노르웨이의 오슬로 시청에서 거행됩니다. 노벨이 유산으로 노벨상을 제정하겠다는 유서를 작성한 것이 1895년이고, 5년 후인 1900년에 노벨재단을 설립했는데 당시는 두 나라가 한 나라로 합병되어 있었습니다. 그러다가 1905년에 분리되었는데, 이 노벨평화상 위원회가 오슬로에 있었기 때문에 평화상은 계속 노르웨이에서 주고 있는 것입니다.

노벨상은 노벨의 유산 3100만 크로네, 현재 가치로 약 2800억 원의 기금을 운영해서 그 수익에 따라서 지급되기 때문에 해마다 액수가 달라집니다. 그런데 노벨물리학상을 받은 아인슈타인은 상금을 손에 넣지 못했습니다. 아인슈타인은 1921년 노벨물리학상을 받았는데, 당시 상금은 지금 돈으로 약 3억 원이었습니다. 그런데 당시 아인슈타인이 다른 여자를 좋아해서 아내와 이혼한 상태였는데 이혼 위자료 조건이, 아직 타지도 않은 노벨상 상금이었습니다. 결국, 아인슈타인은 노벨상 상금을 손에 넣지 못했습니다. 아내는 이혼하면서도 남편이 노벨상을 받을 만한 실력이 있다고 믿었던 것입니다.

1995년에 노벨경제학상을 받은 경제학자 루카스의 아내도 1988년에 합의이혼을 하면서 "루카스 교수가 노벨상을 타는 경우 그 상금의 50%를 차지할 권리를 가진다."는 조항을 이혼합의서에 삽입했습니다. 결국, 나중에 상금의 절반을 가졌습니다.

노벨상은 공동수상일 경우에는, 상금을 나눠줍니다. 그런데 공동수상이 네 명 이상은 안 된다는 규정이 있습니다. 그래서 세 명까지만 상금을 받습니다. 또 오로지 살아있는 인물만 받을 수 있습니다. 살아있는 인물만 수상 자격이 있다는 규정을 1974년에 만들었습니다. 그러나 딱 한 사람, 2011년 생리의학상을 받은 랠프 스타인먼은 예외였습니다. 그는 의학상 발표 사흘 전에 사망했는데, 이 사실이 알려지지 않아서 수상자 명단에 포함됐고 결국 예외적으로 상을 인정해서, 메달과 상금은 유족이 받았습니다.

또 한번 노벨상 수상자는 영원히 노벨상 수상자입니다. 노벨상 수상자 결정에 대해서는 어떤 이의도 제기할 수 없다고 규정되어있고, 따라서 노벨상 수상자가 한번 결정되면 철회하라는 청원은 아무 효

과가 없습니다.

　노벨 경제학상은 1968년 스웨덴 중앙은행이 노벨의 이름을 붙여서 제정한 상입니다. 원래 있던 5개 부문 노벨상과 같은 시기에 발표하고 상금도 같지만 엄밀하게 따지면 노벨상이 아니라. 이 상의 정식 명칭은 '알프레트 노벨 추모 스웨덴 중앙은행 경제학상' 입니다.

19

삼각관계 때문에
노벨 수학상이 없다고?

세계수학자대회에서 수학의 노벨상이라는 필즈상 수상자도 발표하는데요. 필즈상이 무슨 상이기에 노벨상이라고까지 표현할까요?

세계 수학자들의 축제이자, 지식을 겨루는 장이기도 한 세계 수학자대회는 4년에 한 번 열려서 수학올림픽이라고도 합니다. 그런데 수학자들의 주된 업적은 대부분 40대 이전에 나옵니다. 나이가 들수록 수학이 어려워지기 때문입니다. 영국의 수학자이자 철학자, 사회평론가였던 버트런드 러셀은 "나는 머리가 가장 잘 돌았던 젊은 시절엔 수학을 했고, 수학을 못 하게 되자 철학을 했다. 그리고 철학을 하기힘들어지자 정치에 입문했다."고 말하기도 했습니다.

필즈상이 수학의 노벨상이라 불리는 이유는 바로 노벨상에 수학상이 없기 때문입니다. 수학은 학문의 기본인데, 노벨은 왜 수학상을 만들지 않았을까요? 상금을 계산해보고 수학만 뺐을까요? 두 가지 설이 있습니다. 하나는, 노벨이 자신이 사랑했던 여인과 삼각관계였던

연적戀敵에게 상이 돌아갈까 봐 수학상을 만들지 않았다 설입니다. 당시 스웨덴에 미타그 레플러라는 유명한 수학자가 있었는데, 노벨과 레플러가 한 여인을 두고 삼각관계에 빠졌고, 이 경쟁에서 노벨이 졌기 때문에 레플러에게 상을 줄 수는 없다며 수학상을 일부러 뺐다는 이야기입니다.

또 하나의 설도 레플러와 관련이 있습니다. 당시 유럽에는 프랑스의 유명한 수학자 앙리 푸앵카레가 있었습니다. 그런데 노벨은 푸앵카레 대신에 레플러가 자국인 스웨덴 학계에 로비해서 먼저 상을 받을 가능성이 크다고 봤습니다. 그렇게 레플러가 첫 노벨 수학상을 받으면 세계 최고를 지향하는 노벨상의 취지를 망칠 수 있다고 보고, 수학상을 아예 만들지 않았다는 얘기입니다. 결국, 레플러 때문에 후대 수학자들은 노벨상을 받을 수 없게 되었다고 볼 수 있습니다.

그런데 이 이야기의 사실 여부를 추적해보았더니, 신뢰할 만한 근거가 없었습니다. 노벨과 레플러가 연적 관계였다는 증거를 찾지 못했기 때문입니다. 결국, 노벨 수학상을 만들지 않은 이유는 노벨만 아는 것입니다.

필즈상은 캐나다의 수학자 존 찰스 필즈 교수가 1924년에 제안한 상입니다. 필즈 교수는 탁월한 수학 업적을 성취한 수학자한테 금메달을 수여하자고 제안한 뒤, 1932년 취리히 대회에 상을 주려고 준비했습니다. 그런데 대회가 열리기 전에 그만 심장마비로 숨지고 말았습니다. 그리고 죽을 때, 상을 위해 유산을 내놓겠다는 유언을 남겼습니다. 그래서 동료들 상을 제정한 후, 필즈 메달이라는 이름을 붙였습니다.

필즈상 수상자는 메달을 받습니다. 메달에는 '유레카!'를 외쳤던 고대 그리스의 수학자 아르키메데스의 얼굴이 새겨져 있고, 얼굴 둘레에는 스스로를 극복하고 세계를 꽉 움켜쥐라는 뜻의 라틴어가 새겨져 있습니다. 필즈 메달은 사실 노벨상보다 받기가 어렵습니다. 노벨상은 매년 시상하지만, 필즈상은 4년에 한 번이기 때문입니다. 게다가 이 상의 수상자는 40세 미만이어야만 한다는 조건도 있습니다. 필즈상 수상은 수학자로서의 전성기에, 수학 발전에 공헌한 학자들만 받을 수 있는 최고의 영예입니다.

20

싱크홀이 생긴 이유

최근 곳곳에서 싱크홀이 생겼다는 소식이 들려옵니다. 석촌 지하
차도 밑에서도 길이가 80m나 되는 대형 동공이 발견됐는데, 어
떻게 지하에 이렇게 긴 동굴이 생길 수 있을까요?

5m짜리 싱크홀이 발생한 원인을 찾는 과정에서, 대형 동공을 찾게
되었습니다. 싱크홀은 땅이나 지반이 가라앉아서 생긴 구멍입니다.
갑자기 아스팔트 도로가 몇 미터 가량 폭삭 꺼지는 것이 싱크홀입니
다. 동공은 동굴 동洞자에 빌 공空자를 쓴 말인데, 뜻은 싱크홀과 같습
니다. 싱크홀은 영어고, 동공은 한자어로 된 우리말입니다. 크기와는
상관이 없습니다.

　몇 년 전 과테말라에서는, 20층 건물 높이만 한 싱크홀이 생겨서
그 자리에 있었던 3층 건물이 흔적도 없이 사라졌습니다. 깊이가
100m나 되는 구멍이 생기면서 집이 스무 채나 빨려 들어간 적도 있
는데, 이것도 모두 싱크홀과 동공입니다.

　석촌지하차도 중간 바로 밑에서 발견된 싱크홀은 폭이 5~8m이고,

높이가 4~5m, 길이가 약 80m 짜리 동굴입니다. 학교에서 100m 달리기할 때, 길이가 꽤 길었는데, 거의 100m 달리기를 할 수 있을 정도로 긴 동굴이 지하차도 바로 밑에서 발견된 것입니다. 그리고 그 동굴 위로 자동차들이 지나다니는 지하도로가 있습니다. 지하차도 바닥 두께가 1미터 정도의 콘크리트로 돼 있어서 상대적으로 안전하다고 하지만, 그 밑에서 4m짜리 동굴이 발견되었고, 또 그 밑으로 지하철 9호선 공사가 진행 중인 상태입니다. 지하에 터널 공간이 세 개나 있는 것입니다.

이렇게 대형 동공이 생긴 것은 실드공법 때문입니다. 실드shield는 지하에서 터널을 뚫는 굴진기입니다. 원통으로 생긴 기계 앞쪽에 흙이나 바위를 부수는 드릴이 장착되어 있습니다. 그래서 앞으로 직진하면서 굴을 뚫는 기계인데, 이 실드로 터널을 뚫는 공법을 실드 공법이라고 합니다. 두더지가 굴을 파는 것과 같습니다. 이 공법으로 터널을 뚫는 과정에서, 흙이 무너져 내리면서 공간이 생긴 것입니다.

서울시 전문가 조사단의 조사결과를 보면, 실드공법으로 터널을 뚫을 때는 터널 표면에 생기는 틈새를 잘 메우면서 진행을 해야 한다고 합니다. 틈새를 메우는 그라우팅 작업을 제대로 하지 않으면 지하수가 흐르거나, 흙이 무너져 내리게 되고, 그러다 보면 예상치 않던 곳에서 동공이 생기게 됩니다.

석촌지하차도 대형 동공은, 2014년 8월 5일에 발생한 5m짜리 싱크홀 원인을 조사하다가 발견하게 되었습니다. 이쪽 땅이, 모래와 자갈로 이뤄진 충적층이라서 지하수의 수위에 따라서 흙이 유실되고 땅이 내려앉을 가능성이 큰 구간이라는 것이 조사단의 설명입니다. 그러므로 다른 공사구간에서도 이런 싱크홀이 얼마든지 생길 수 있다고 우려합니다.

싱크홀이 발생한 것은 이번이 처음이 아닙니다. 서울만 해도 여의도 국회의사당 앞이라든가, 영등포 노길 등에서 이미 발생했고, 인천 영종도, 충북 청원과 음성에서도 발생했습니다. 또 대구에서는 인명 사고까지 났다고 합니다. 서울만의 문제가 아니라 전국 도시들의 문제입니다.

21
아버지 AB형, 어머니 B형.
그런데 나는 O형?

학교에서 배운 이론대로라면 어머니가 BB형이든 BO형이든, 아버지가 AB형이면 A형이나 B형, 아니면 AB형만 나올 수 있다고 배웁니다. 아버지 혈액형이 AB형이고 어머니가 B형인데, 혈액형이 O형인 자녀가 태어날 수 있을까요?

아버지가 AB형이고 어머니가 B형이더라도 드물게, O형인 자녀가 태어날 수 있습니다. 일반적으로 A형이나 B형, AB형 자녀가 나오지만, 예외적으로 변이가 일어나서 O형인 자녀가 태어날 수도 있습니다.

우리가 흔히 ABO형 분류에 의한 4가지 혈액형만 알고 있는데, 이것이 가장 유명한 혈액형 분류법이지만 30여 가지의 혈액형 분류법이 더 있습니다. Rh+나 Rh-로 구분되는 Rh형은 50개 정도의 항원을 갖고 있습니다. 즉 50개의 혈액형이 있습니다.

이 밖에도 더피, 키드, 디에고, 루서란, 돔브록 등의 혈액형 분류법이 있는데 지금까지 발견된 적혈구 항원은 약 500가지가 있습니다. 혈액

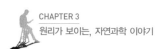

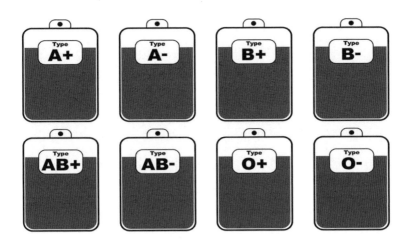

형 종류가 그만큼 많다는 뜻입니다. 그래서 대한적십자에서는 큰 종합 병원에서 혈액형 검사를 하면 정확한 혈액형을 알 수 있다고 합니다.

또 하나 AB형이 Cis-AB형일 경우에는 자녀가 O형이 태어날 수도 있습니다. 혈액형이 AB형인 사람은, 하나의 염색체에 A 유전자를, 다른 하나의 염색체에 B 유전자를 갖는 것이 원칙입니다. 따라서 AB 형인 사람과 B형인 사람이 결혼해서 아이를 낳으면, 아이의 혈액형 은 A형 또는 B형, AB형이 돼야 합니다. 그런데 Cis-AB혈액형은 A와 B 유전자가 각기 다른 염색체 안에 들어 있는 것이 아니라, 모두 하나의 염색체에 들어 있습니다. Cis는 같은 쪽에 있다는 뜻입니다. Cis-AB는 아주 특이한 혈액형이며, 주로 일본에서 나타나고 우리나라에서는 남쪽 지방에서 조금 나타난다고 합니다.

혈액형 분포율을 보면 우리 한국인은 A형이 34%로 가장 많고, O형이 28%, B형이 27%, AB형이 11%로 가장 적습니다. 다른 나라를 보면 대개 AB형이 가장 적고, O형이 많은 편입니다. 중국은 O형이 42%로 가장 많고, A형과 B형은 각각 26%씩입니다.

미국 백인은 O형이 45%, A형이 42%로 두 혈액형이 대부분을 차지합니다. 그런데 중남미 원주민인 마야인은 O형이 98%나 됩니다. 마야인은 혈액형을 거의 따지지 않고 수혈을 해도 될 정도입니다. ABO 혈액형을 분류한 것은, 수혈 때 피가 응고되는 현상에 대한 해석과 해법을 찾아낸 것입니다. 같은 혈액형들로만 이뤄졌다면 문제가 발생하지 않습니다. 실제로 중남미 원주민들은 모두 O형이라서 500년 전에 이미 아무 문제 없이 수혈했다는 기록이 남아 있습니다.

더 알아보기

혈액형이 ABC형이 아닌 ABO형인 이유는?

두 가지 설이 있습니다. 우선 ABO형 혈액을 분류는 1901년 오스트리아의 란트슈타이너가 했습니다. 그는 나중에 노벨상도 받고 Rh 인자도 발견했습니다. 처음에는 혈액형을 A, B, C형으로 불렀습니다. 이 혈액형 A형에는 B형 항체가 있고, B형에는 A형 항체가 있는데, C형에는 이런 항체와 응집반응을 일으키는 응집원이 없습니다. 그래서 독일어로 '없다'는 뜻의 '오네Ohne'의 첫 철자인 O형으로 바뀌었다는 얘기가 있습니다.

또 다른 설도 있습니다. 1927년에 국제연맹 전문위원회에서, 뒤늦게 발견된 AB형과 함께 네 가지 혈액형을 공식 이름으로 채택하기로 했습니다. 이때 어떤 학자가 실수로 C형을 O형으로 읽었답니다. 인쇄된 C의 오른쪽 끝이 붙어서 O형으로 보였던 모양입니다. 그래서 C형으로 불려야 할 혈액형이 O형이 되고 말았다는 얘기가 있습니다.

아기들의 생명을 살리는 인큐베이터

임신 기간 37주를 못 채우고 나오는 이른둥이 혹은 미숙아들이 점점 늘고 있습니다. 갈수록 결혼 연령이 늦어지면서 35세 이상 산모가 늘고 있고, 35세 이상 산모들에게 이른둥이 출산비율이 높기 때문입니다. 그렇게 이른둥이로, 성장이 완전히 되지 않은 채 태어나면 인큐베이터에 들어가게 됩니다. 아기들의 생명을 살리는 인큐베이터는 어떻게 만들어졌을까요?

임신 기간 37주를 못 채우고 나온 아기들을 이른둥이 혹은 미숙아라고 합니다. 엄마 배 속에 있는 기간과 상관없이, 출생 당시의 체중이 2.5kg 미만인 아이를 저체중 출생아라고 합니다. 보통 저체중 출생아의 약 2/3가 이른둥이고, 나머지 1/3은 산모나 태반 또는 태아의 여러 원인으로 인해서 배 속에 있던 기간에 비해서 체중이 작은 저체중 출생아입니다.

그런데 이른둥이의 수가 많이 늘고 있습니다. 통계를 봤더니 2003년에 2만2000명이었는데 지금은 약 3만 명 정도입니다. 갈수록 결혼

연령이 늦춰지면서 35세 이상 산모가 늘고 있는데, 35세 이상 산모들에서 이른 둥이 출산비율이 높기 때문입니다.

인큐베이터는 체중이 2kg 이하거나, 호흡장애 등의 이상 증세를 보이는 신생아를 수용하는 기계입니다. 즉, 산소 공급기가 달린 격리 보온기기입니다. 투명하고 두꺼운 플라스틱으로 만들어서, 안에 들어가 있는 신생아를 밖에서 관찰할 수 있게 되어 있습니다. 인큐베이터는 산소를 적절하게 공급해주는 것뿐만 아니라 온도와 습도를 섬세하게 조절해주면서 외부에서 병균이 침입하지 못하게 합니다.

미숙아는 몸무게에 비해서 체표면적이 넓고, 피하 지방층이 적어서 열을 잘 내지 못해 저체온 중에 걸리거나, 반대로 열을 발산하는 능력이 미숙해서 주위 온도가 너무 높으면 체온이 너무 높아질 수도 있습니다. 이때 인큐베이터가 체온이 일정하게 유지될 수 있게 도와줍니다. 또 아기들이 체온을 유지하기 위해서 산소 소모가 많아지면 대사 이상이 올 수도 있으므로 아기들이 호흡하고 체온을 유지하는 데 에너지를 적게 소모하도록 온도와 습도 등의 환경을 만들어 줍니다.

인큐베이터는 프랑스 산부인과 의사인 에티엔 스테판 타르니에가

1880년 발명했습니다. 이 타르니에 의사는 이집트 상형문자에 나오는 병아리 부화기를 보고, 인큐베이터에 대한 영감을 얻었습니다. 닭, 오리 같은 가금류 사육사인 오딜 마틴의 도움을 받아 갓난아기들에게 적합한 인큐베이터를 만들었습니다.

그런데 인큐베이터는 비용이 만만치 않다는 단점이 있습니다. 인큐베이터는 한 대 가격이 5000만 원 정도 합니다. 그래서 신생아가 인큐베이터에 한 달 정도 있으면 병원비가 200만 원 정도 나온다고 합니다. 기계가 이렇게 비싸면 아프리카의 저개발 국가나, 전쟁지역에서 태어나는 이른둥이들은 인큐베이터의 혜택을 보기 힘듭니다.

그래서 최근에 아주 저렴한 비용으로 만들 수 있는 인큐베이터가 개발되었다고 합니다. 제임스 로버츠라는 영국의 대학생이 만들었는데, 제품디자인을 공부하는 학생이라 혁신적인 인큐베이터를 만들었습니다. '맘, MOM'이라는 이름의 이 인큐베이터는, 금속 같은 값비싼 재질이 아니라 공기 팽창식 튜브로 만들어서 가격을 크게 낮췄습니다. 약 400달러, 우리 돈 44만 원이면 만들 수 있습니다. 맘은 마치 수영장에서 갖고 노는 고무 튜브처럼 생겼습니다. 바람을 넣어서 부풀렸다 수축시킬 수 있어서, 쓰지 않을 땐 바람을 빼고 접어서 가방처럼 들고 다닐 수도 있습니다. 항온, 항습시설에 황달용 광선치료기까지 모두 갖추고 있어 기존 인큐베이터와 성능은 별 차이 없습니다.

23

핫 팩,
어떻게 따뜻해질까?

추위로 곱은 손을 간단히 녹여주거나, 몸을 따뜻하게 해주는, 주머니 속 친구 핫 팩! 똑딱이로 작동하는 것도 있고, 흔들어 사용하는 것도 있습니다. 핫 팩, 손난로는 어떻게 열을 내는 걸까요?

흔들면 따뜻해지는 가루 형 핫 팩에는 철을 간 철가루와 함께 활성탄, 소금, 소량의 물 그리고 질석, 톱밥이 들어 있습니다. 철이 공기에 노출되면 녹이 스는데, 산소로 인해서 산화하는 것입니다. 이 산화하는 원리를 이용한 것이 바로 가루 형 핫 팩입니다. 핫 팩 주머니 안에는 적당한 크기의 고운 철가루가 많이 들어 있어서 철이 아주 빨리 산화합니다. 그 과정에서 불과 몇 분 안에 온도가 30℃에서 70℃까지 올라갑니다. 물에 뭔가를 녹일 때도 가루가 덩어리보다 더 빨리 녹는 것처럼 철가루도 화학반응 속도가 빨리 일어나는 것입니다.

　핫 팩 주머니를 싸고 있던 겉 봉지를 뜯은 다음 잘 흔들면 안에 들어있는 철가루, 활성탄, 소금, 소량의 물, 질석, 톱밥 등의 내용물이 잘 섞이고, 공기와 닿는 면적이 커지면서 산화 반응이 빠르게 일어나온도가 올라갑니다. 그래서 쓰지 않을 때는 핫 팩 주머니를 싼 비닐봉지를 뜯으면 안 됩니다. 공기와 접촉하면 산화가 시작되기 때문입니다. 일단 산화가 다되면 화학반응이 끝나고, 재활용은 불가능합니다. 다만 산화 과정이 길게 일어나기 때문에 지속시간이 8시간에서 24시간까지 비교적 길게 유지됩니다.

단추처럼 생긴 금속판을 '똑딱' 눌러서 쓰는 핫 팩 봉지에 들어있는, 겔처럼 물컹물컹한 용액은 아세트산나트륨 과포화용액입니다. 용액 속에 녹아 있는 물질을 용질이라고 하는데, 과포화 용액은 어떤 온도에서 녹을 수 있는 것보다 더 많은 용질이 녹아 있는 상태의 용액을 말합니다. 즉 아세트산나트륨 과포화용액은 아세트산나트륨이 더 많이 녹아 있는 상태의 용액이라는 말입니다. 아세트산나트륨이 너무 많이 녹아있다 보니까 매우 불안정하고, 작은 충격에도 쉽게 과포화 상태가 깨집니다.

금속판에 힘을 줘서 뒤집으면 딸각하고 소리가 나는데 이 소리로 인해서 발생하는 에너지가 아세트산나트륨에 전달되고 불안정한 상태가 깨지면서 결정이 만들어집니다. 액체에서 고체가 되면서 에너지가 방출되고, 그로 인해서 주머니가 따뜻해집니다. 그리고 고체가 된 봉지를 끓는 물에 넣어 데우면 다시 불안정한 아세트산나트륨 과포화 용액이 되어, 다음에 다시 쓸 수 있게 됩니다.

24

해외여행 가면
왜 110V를 써야 할까?

해외여행을 가보면 110v를 쓰는 곳이 꽤 많습니다. 그래서 여행 짐을 챙길 때 돼지코 어댑터를 준비해야 하나 고민하게 됩니다. 우리도 과거에는 110V를 썼는데, 왜 지금은 220V로 바뀌었을까요?

우리나라는 100V를 220V로 바꾸는 승압 사업으로 전국을 모두 바꾸는 데 무려 32년이 걸렸습니다. 승압 사업에 들어간 돈이 1조4천억 원인데 70~80년대 물가를 생각하면 지금 돈으로는 4~5조 원이 들어갔다고 봐야 합니다. 그리고 승압 공사에 투입된 연인원도 700만 명이 넘습니다. 승압 사업을 한 이유는 110V로 전기를 공급하는 것보다 220V로 전기를 공급하면, 전기 공급 과정에서 사라지는 전력 손실을 크게 줄일 수 있기 때문입니다.

실제로 가정과 기업에 전기를 공급하는 한국전력은 이 사업을 통해서 설비 증설 없이 전력사용 능력을 두 배로 키웠고, 전력손실도 75%나 줄였습니다. 그래서 세계 최저 수준의 송배전 손실률을 달성했다고 합니다. 그렇지만 가정에서는 220V를 쓴다고 전기 요금이 덜

나오지는 않습니다. 전기를 생산
하는 전력회사 입장에서는 큰 이
익이지만, 일반 소비자가 직접 혜
택을 보는 것은 없습니다.

전압이 높은 전기를 쓴다고 해
서, 전기 사용량이 줄어들거나 절
전 효과가 있는 것은 아닙니다. 그
렇지만 전기 생산비용이 많이 들어가면 결국엔 전기요금에 반영될
수밖에 없으니 결과적으로는 가정에도 이익이 된다고 볼 수 있습니
다. 그런데 110V보다 220V가 전압이 높으므로 전기에 손을 댔을 때
감전사고로 인한 피해가 커질 수는 있습니다. 특히 아이들의 경우 감
전될 위험성이 더 높아질 수 있습니다. 어린아이들이 젓가락을 콘센
트에 꽂았다가 감전사고를 당했다는 뉴스가 가끔 나옵니다. 220V는
전압이 그리 높은 전기는 아니지만, 어린이들에게는 큰 충격이 될 수
있습니다.

아이들이 콘센트에 감전되는 사고가 1년에 50건 정도 발생하는데,
한번은 두 살 된 아이가 식당에서 젓가락을 양손에 들고 놀다가, 콘센
트에 꽂아서 그 순간 심장이 멈추고 의식을 잃었다가 사흘 만에야 겨
우 의식을 되찾았다는 뉴스도 있었습니다. 아이가 있는 집이나 가족
들이 많이 찾는 대중음식점에서는, 콘센트를 막는 안전덮개를 꼭 사
용하는 것이 좋습니다.

우리나라 외에도 220V를 쓰는 나라는 많습니다. 그 비율이 세계적

으로 70%를 넘고 있습니다. 유럽 국가들과 중국도 220V를 씁니다. 다만 미국은 120V, 일본은 110V를 사용하고 있고, 호주는 240V를 쓰고 있습니다. 그래서 만약 여행 갈 때 갖고 간 전기제품이 220V 또는 110V 전용 제품이라면 해당 국가에서는 강압 트랜스 또는 승압 트랜스를 이용해야 합니다. 요즘에는 110~220V에서 사용이 가능한 프리 V 제품도 꽤 많은데, 이런 제품은 돼지 코처럼 생긴 변환 플러스를 이용하면 어디서나 사용할 수 있습니다.

프리V가 아닌 제품일 경우, 220V 전용제품을 낮은 전압의 전기에서 사용하면 제품이 작동되지 않거나 성능이 떨어질 수 있습니다. 반대로 높은 전압을 사용하면 제품 수명이 단축되거나 과열돼서 타버릴 수 있으니 주의해야 합니다.

25

몽고반점은
동양인에게만 생길까?

몽고반점은 한민족이라면 거의 다 갖고 태어납니다. 옛날 어른들은, 몽고반점이 삼신할머니가 세상에 빨리 나가라고 아이를 때려서 멍이 든 것이라고 했습니다. 특히 부부가 결혼한 지 꽤 오래됐는데 태어난 아이라든가, 손이 귀한 집 아이는 삼신할머니가 더욱 세게 때려서 몽고반점이 더 크고 여러 곳에 생긴다고도 했습니다. 이 몽고반점은 왜 생기는 걸까요?

의학적으로 보면 몽고반점은 멜라닌 색소 세포가 피부 바깥으로 보이는 것입니다. 즉 배아 발생 초기에 표피로 이동하던 멜라닌세포가 진피에 그대로 머물러서 생긴 자국인데, 태아가 열 달 동안 엄마 배속에서 사람 꼴을 갖춰가는 과정에서 생긴 징표라고 할 수 있습니다.

몽고반점은 동양인들에게서 주로 많이 나타나는데 과거에 칭기즈칸이 이끄는 몽골족이 유럽을 휩쓸었습니다. 그래서 유럽 사람들이 벌벌 떨었는데, 그들이 보면 동양인들이 모두 몽골리안이나 마찬가지였습니다. 그래서 엉덩이에 난 큰 점을 몽고반점이라고 부르게 되었습니다. 동양 인종에 널리 나타난다고 해서 아반兒斑 또는 분만반分娩斑이라고도 합니다.

신생아 때 생긴 몽고반점은 자라면서 사라집니다. 출생하고 두세 살까지가 푸른 빛깔이 가장 진합니다. 그 후로 점차 색깔이 옅어져서 청소년기가 되면 저절로 사라져서 거의 보이지 않게 됩니다. 우리나라 신생아의 몽고반점 위치는 엉덩이와 몸통 부분이 97% 이상으로 가장 많고 팔 1%, 다리 0.8%, 가슴과 등이 0.7%이고, 0.2%는 머리와 목에 있는 것으로 조사되었습니다.

이처럼 많은 신생아가 몽고반점을 갖고 태어나기 때문에 몽고반점이 크거나 많다고 해서 건강에 문제가 있다고는 볼 수는 없습니다. 다만 아주 드물게, 멜라닌세포가 암세포로 변하면서 반점 형태로 나타날 수도 있는데, 이 점은 주의해야 합니다. 이 피부암은 '흑색종'으로 불리는데, 주로 백인 등 피부색이 옅은 사람에게 생기는 편이지만, 자외선에 지속적으로 노출되면 동양인에게도 얼마든지 생길 수 있습니다. 전이가 잘되고, 항암 치료에 반응을 잘 보이지 않는 것이 특징입니다.

몽고반점이라고 해서 몽골계, 아시아계 사람들에게 100% 나타나는 것은 아닙니다. 서울 제일병원 소아청소년과 신손문 교수팀이 연구해서 대한신생아학회지에 발표한 논문을 보면, 우리나라 신생아의 97%가 몽고반점을 갖고 태어나는 것으로 조사되었습니다. 중국은 86.3%, 일본이 81.5%이었습니다. 우리가 중국, 일본 신생아보다 10~15%포인트 더 높은 비율로 몽고반점을 갖고 태어납니다.

미국에 사는 인디언들도 몽고반점을 갖고 태어납니다. 미국 인디언은 열 명 중 여섯 명꼴로, 62%의 신생아가 몽고반점이 있습니다. 반면에 서양인은 6% 정도에 불과합니다. 아시아인에게서 이렇게 몽고반점이 많이 나타나는 이유는 멜라닌세포가 백인보다 많기 때문입니다. 그래서 간혹 백인 아이가 몽고반점을 갖고 태어나더라도 동양인처럼 선명하진 않습니다. 또 흑인에게도 몽고반점이 생기는데 표피의 색소에 가려서 잘 보이지 않습니다. 그래서 미국에 유학을 간 부부나 이민 간 사람들이 신생아를 낳으면 병원에서 부모가 신생아를 때려서 몸에 멍이 들었다고 경찰에 신고하는 경우가 간혹 있다고 합니다.

더 알아보기

몽고가 아닌, 몽골!

몽골을 지칭할 때 '몽고'와 '몽골', 둘 중 어떤 것으로 불러야 할지 헷갈리는 경우가 많습니다. 원래 몽골Mongol은 용감하다는 뜻의 부족 명이었습니다. 그러다가 칭기즈칸이 통일국가를 세운 뒤 민족명이 되었습니다. 그래서 이것이 공식 국가명이 되었고, 영어로는 몽골리아로 굳어졌습니다. 반면에 몽고는 중국이 몽골을 비하하기 위해서 어리석을 몽蒙과 옛 고古를 써서 지은 것입니다. 그래서 몽골사람은 몽고라고 부르는 것을 싫어합니다. 몽고반점이라는 이름은 굳어졌으니 어쩔 수 없다고 해도, 나라 이름은 꼭 몽골로 불러야겠습니다.

일상생활에 도움이 되는,
기술가정 이야기

01

사이드미러가 없는 자동차도 자동차일까?

요즘 일부 외국 자동차회사들이 사이드미러를 없앤 자동차를 생산해서 판매하고 있습니다. 그런데 미국에서는 이 자동차를 팔수 없다고 합니다. 모든 자동차는 사이드미러를 달아야 한다는 규정 때문입니다. 그렇다면 대한민국은 어떨까요? 자동차에는 사이드미러가 반드시 있어야 할까요?

사이드미러는 자동차의 운전석과 조수석 문 옆에 달린 거울입니다. 자동차 뒤쪽을 볼 수 있는 후사경인데, 외국의 일부 자동차업체가 사이드미러를 없애는 대신 아주 작은 카메라를 설치하고 있습니다. 운전자는 카메라와 연결된 화면을 통해서 차 뒤쪽을 볼 수 있습니다. 운전자가 고개를 좌우로 돌려서 사이드미러를 보는 것이 아니라, 내비게이션 보는 것처럼 좌우 뒤쪽을 보는 것입니다.

그런데 미국에서는 이 차를 팔 수 없습니다. 미국 고속도로교통안전국이 "모든 차량에 사이드미러를 달아야 한다."는 강제 규정을 두고 있기 때문입니다.

미국과 마찬가지로 우리나라도 사이드미러가 있어야 합니다. 우리나라의 〈자동차 안전기준에 관한 규칙〉 제50조에 "자동차에는 운전자가 좌·우측 및 뒤쪽의 교통 상황을 확인할 수 있도록 적차 상태에서 기준에 적합한 후사경을 설치하여야 한다."라는 규정이 있습니다. 한마디로 사이드미러가 없는 것은 자동차가 아니라고 규정한 것입니다.

이러한 상황에서 외국 자동차업체들이 사이드미러를 없애는 이유는 연비를 높이기 위해서입니다. 요즘 자동차업체들의 가장 큰 과제가 연비를 높이는 것입니다. 그래서 적은 기름으로 가능한 한 멀리 달릴 수 있도록 하려고 합니다. 그런데 사이드미러를 없애면 공기 저항이 줄어서 연비를 꽤 높일 수 있습니다. 더불어 자동차 디자인도 아주 날렵하게 뽑을 수 있습니다.

법에 사이드미러를 반드시 설치하라고 한 것은 안전 때문입니다. 그런데 사이드미러가 없는 차도 좌우를 다 살필 수 있는 화면이 있으니, 앞으로는 이런 규정도 바뀌지 않을까요?

> 법적으로 사이드미러 없는 차가 허용된다면,
> 좁은 골목을 지나 갈 때 사이드미러가 긁힐까 봐
> 접었다 폈다 해야 하는 번거로움도
> 사라지겠네요.

02

생명을 지켜주는 쿠션, 에어백

큰 사고였는데도 운전석과 조수석의 에어백이 터지지 않아 논란이 일어나는 경우가 있습니다. 에어백은 자동차 충돌 시 탑승자를 보호하는 가장 효과적인 장치로 알려졌는데 이 에어백은 언제 만들어졌을까요?

에어백을 발명한 사람은 미국인 존 헤트릭입니다. 1952년 어느 날, 운전 중에 장애물을 피하려고 급제동해야 했는데 당시 차 앞좌석에는 아내와 딸이 함께 타고 있었습니다. 그래서 급제동하는 순간 헤트릭은 두 사람을 보호하고자 본능적으로 대시보드와 앞 유리창 쪽으로 팔을 뻗었습니다. 이 일이 계기가 돼서 1953년 에어백을 만들게 되었습니다.

자동차회사들이 에어백을 차에 장착한 시기는 존 헤트릭이 에어백을 발명하고 한참 뒤의 일입니다. 1974년에 미국 GM이 가장 먼저 장착했는데, 문제가 많았습니다. 그래서 한동안 자취를 감췄다가 벤츠와 BMW, 볼보 등에서 에어백 판권을 사들였습니다. 이후 기술적으로 보완하고 발전시켜서 다시 장착하 기 시작한 것이 1981년입니다. 국 산 차는 1994년 뉴그랜저부터 장 착하기 시작했습니다. 생각보다 역사가 짧고 아직 기술적 보완이 많이 필요한 장치입니다.

에어백은 대개 전면 좌우 30° 이내에, 충돌 시 시속 약 20~30km 이상의 조건에 맞아 야 작동합니다. 물체와 충돌하는 순간 충돌센서가 작동해서 기폭제 에 불을 붙이는데 동시에 화학반응이 진행돼 질소가 발생합니다. 이 질소가 에어백을 순간적으로 부풀어 오르게 하는 것입니다. 그렇게 부풀어 오른 공기는 또 곧바로 순식간에 빠져나갑니다. 그렇지 않으 면 2차 사고로 연결될 수 있기 때문입니다. 그래서 나일론재질의 에 어백에는 작은 구멍이 수없이 뚫려 있습니다.

2010년부터 2014년 6월까지 최근 5년간 에어백 관련 오작동 신고 건수를 봤더니, 한국소비자원에 925건, 교통안전공단 216건 총 1,136건이나 신고되었습니다. 이 중에 소비자원에 접수된, 구체적인 오작동 현황을 보면 에어백 미작동이 725건, 78%로 가장 높았고 에 어백 자동작동이 5%, 에어백 경고등 점등 역시 약 5%였습니다.

에어백 결함 신고가 접수되면 1차 조사는 교통안전공단이 맡는데 국회 국토교통위원회 소속 새누리당 이우현 의원에 따르면 교통안전 공단은 에어백 결함에 대해서 전화 통화로만 결함 내용을 확인했고,

현장 조사는 딱 네 건에 대해서만 했다고 합니다. "에어백 결함으로 인해서 사망 사고도 발생하고 있지만, 제조사들은 변명하는 데에만 급급하고 교통안전공단은 제 역할을 제대로 못 하고 있다."라고 이 의원은 지적했습니다.

사실 에어백은 접촉 사고가 나야만 제대로 터지는지 아닌지를 알 수 있으므로 어떤 장치보다 안전해야 하는데 이런 현실이라면 에어백도, 교통안전공단도 믿기 힘들 것 같습니다. 하루빨리 대책을 세워야겠습니다.

03

자동차에 경유와 등유, 섞어 넣어도 될까?

경유를 연료로 쓰는 차량에 경유와 등유를 반반씩 넣는 사람들이 있다고 합니다. 흔히 말하는 가짜 석유는 대부분 경유와 등유를 섞어 파는 것입니다. 불법행위를 하다 적발된 주유소의 열에 여덟은 경유와 등유 섞어 판 주유소들입니다. 자동차에 경유와 등유를 섞어 넣어도 되는 걸까요?

경유에 등유를 섞어 파는 이유는 경유보다 등유가 리터당 300~400원 정도 싸기 때문입니다. 경유에 붙는 세금이 등유에 붙는 세금보다 훨씬 많습니다. 그래서 값이 싼 등유를 경유와 섞고, 경유라고 속여 팔면 그만큼 이익을 얻을 수 있습니다. 일부 주유소들은 불법으로 가짜 경유를 만들어서 팔아 이익을 얻는 것입니다. 물론 가짜 휘발유를 파는 주유소도 있지만 가짜 경유를 파는 주유소가 훨씬 많습니다.

경유를 넣든 등유를 넣든, 자동차가 아무 이상 없이 잘 굴러간다면 값싼 등유를 넣어도 괜찮겠지만, 전문가들은 그렇지 않다고 얘기합니다. 등유가 혼합된 경유를 사용하게 되면 우선, 연비가 눈에 띄게

감소합니다. 대략 10~20% 정도 감소하기 때문에 운전자들이 쉽게 인식할 수 있다고 합니다. 그리고 경유와 등유를 섞어서 장기간, 많이 사용할 경우에는 기름의 윤활성이 크게 떨어져서 연료공급 계통이 고장 날 수도 있습니다.

엔진 소음이 커지기도 합니다. 이상 폭발을 해서 소리가 커지고 결국에는 엔진 내부가 과열되어, 차량이 달리다가 갑자기 멈출 수도 있어 위험합니다. 특히 버스는 많은 승객을 태우고 달리기 때문에 경유와 등유를 섞어 주유하는 것은 아주 위험한 범죄입니다.

차에 기름을 넣었는데, 연비가 크게 떨어지거나 소음이 증가하면 석유관리원(1588-5166)에 신고할 수 있습니다. 검사원이 나가서 가짜 석유로 판명되면 최고 50만 원의 포상금도 지급합니다.

사실 경유나 등유의 뿌리는 같은 기름입니다. 원유를 정제하는 과정에서 분류된 것입니다. 중동 유전에서 정유사들이 들여오는 원유는 탄소와 수소를 중심으로 황, 질소, 산소 등 여러 가지 화합물의 혼합체입니다. 이 혼합체를 정제해서 분리해낸 것이 석유제품입니다. 석유제품은 용도에 따라서, LPG(액화석유가스), 나프타(납사), 휘발유, 등유, 경유, 중유, 윤활유, 아스팔트 등으로 분류됩니다.

정제 방식은 여러 가지가 있습니다. 기본적으로는 각 석유제품의 끓는점의 차이를 이용해서 원유에서 각 석유제품(유분)을 분리하는 증류방식입니다. 액체를 가열하면 기체로 변하듯이 원유를 뜨겁게 가열하면, 끓는점이 낮은 것부터 차례로 증발해서 기체가 됩니다. 그 기체를 차례대로 파이프를 통해 받아내고, 다시 냉각시키는 과정을 통해서 석유제품을 만듭니다.

증류과정을 통해서 뽑아낸 여러 가지 유분에는 불순물이 들어 있습니다. 불순물을 제거하고, 촉매를 첨가해서 성질이 다른 탄화수소를 만들어 내는 분해, 개질 과정이 있는데, 이 모든 공정을 원유 정제라고 합니다.

원유를 넣고 끓이는 장치를 상압 증류탑이라고 합니다. 원유를 끓이면, -42℃~1℃ 사이에서 LPG(액화석유가스)가 가장 먼저 나옵니다. 그다음 30℃~120℃에 휘발유와 나프타가 나옵니다. 등유와 제트연료유는 150℃~280℃, 경유가 230℃~350℃에서 추출되고, 마지막으로 아스팔트와 잔사유는 300℃ 이상에서 생산됩니다. 비등점이 높고, 늦게 추출될수록 품질이 낮은 기름입니다.

등유는 실내등유와 보일러 등유가 있습니다. 보일러 등유는 가정용 난방 보일러나, 상업용 보일러, 중소산업용 보일러, 농업용 등으로 쓰입니다. 경유는 원래 휘발유나 등유보다 용도가 적었습니다. 하지만 디젤 엔진이 발명된 이후 연료로 많이 사용되고 있어, 디젤 오일이라고 부릅니다.

휘발유나 경유, 등유 색깔은 다 똑같다?

휘발유와 경유의 색깔을 보면 각각 다릅니다. 하지만 증류탑에서 추출될 때부터 색이 다른 것은 아닙니다. 휘발유와 경유, 등유는 원래 색깔은 무색이고 투명합니다. 하지만 정유사들이 석유제품마다 착색제를 넣어서 색으로 구분할 수 있게 한 것입니다.

04

자동차와 내비게이션 속도계,
왜 차이가 날까?

여러분 자동차에 혹시 내비게이션이 달려 있습니까? 내비게이션이 알려주는 자동차 속도와 자동차 계기판의 속도가 제법 차이가 나는데 어떤 것이 더 정확할까요?

자동차의 속도는 속도계가 좀 더 빠르고, 내비게이션 속도가 약간 느릴 것입니다. 자동차 속도계와 내비게이션 속도 측정 방식이 서로 다르기 때문입니다. 자동차 속도계는 속도를 **타이어의 둘레×타이어의 분당 회전수×60**으로 계산합니다. 반면에 내비게이션은 위성으로 속도를 측정합니다. 즉 내비게이션과 위성이 일정 시간마다 위치 정보를 주고받아서, 움직인 거리를 한 시간으로 환산하여 속도를 측정하는 것입니다.

둘 중 GPS 신호를 활용하는 내비게이션 속도가 더 정확한 편입니다. 왜냐하면, 자동차 속도계는 타이어가 닳거나, 다른 타이어로 바꿔 끼웠을 경우 속도가 다르게 측정될 수 있기 때문입니다. 하지만 내비게이션은 그런 오차가 없습니다.

두 번째 이유는, 자동차회사가 일부러 속도계 속도를 빠르게 나오도록 하기 때문입니다. 자동차 및 자동차부품의 성능과 기준에 관한 규칙 제110조를 보면 평탄한 노면에서 시속 25km가 넘어갈 경우, 계기판의 속도계가 실제 속도보다 10%를 더한 속도에 시속 6km까지 추가해도 되는 규정이 있습니다. 예를 들면 시속 100km로 달리는 경우, 자동차 계기판의 속도는 100km/h에서 10%인 10km/h를 더하고, 여기에 다시 6km/h를 추가한 시속 116km 까지 표기할 수 있도록 만들 수 있습니다.

속도계 속도가 빠르게 나오면 운전자들은 "어, 별로 안 밟았는데도 속도가 꽤 나오네? 차 좋은데?" 라고 생각할 것입니다. 자동차업체들은 운전자가 실제 속도보다 10% 정도 더 부풀려진 자동차 계기판 속도를 보고, 스스로 속도를 자제하기 때문에 안전성이 높아진다고 합니다.

더 알아보기

자동차 주유 계기판에 경고등이 들어온 후 몇 km 더 갈 수 있을까요?

연료탱크 안에는 연료계 바늘을 움직이는 부유체가 떠 있습니다. 기름이 많으면 올라가고, 줄어들수록 내려갑니다. 주유소 표시등에 불이 들어오고, 표시 바늘이 E를 가리키더라도 실제로는 이 부유체 이래에는 기름이 남아 있게 설계되어 있습니다. 그래서 차종에 따라 다르긴 하지만 연료통이 비었다는 경고등이 들어오더라도 약 50km 정도는 달릴 수 있습니다. 그런데 이 거리는 막히는 도로인지, 뻥 뚫린 도로인지에 따라서 많이 차이가 나기 때문에 적당한 시점에 주유소가 나오면 들려야겠지요?

05

빠르게 달릴 때는 창문을 열지 말고 에어컨을 틀어라

날씨가 부쩍 더워지기 시작하면 본격적으로 에어컨을 틀고 운전을 해야 합니다. 그런데 에어컨을 틀고 주행하면 연료가 얼마나 더 많이 소모되는 걸까요? 창문을 열고 달리는 것보다 에어컨을 트는 것이 오히려 더 낫다는 얘기도 있는데, 정말일까요?

집 안에 있는 에어컨을 틀면 전기료가 많이 나오는 것처럼, 자동차 에어컨도 틀면 전기료가 많이 나옵니다. 자동차 에어컨을 켜면 에어컨 동력장치, 즉 콤프레서가 작동을 하는데, 이때 기름이 들어갑니다. 특히 에어컨을 켠 채 언덕길을 오르면, 달리는 힘이 약해지는 것을 느낄 수 있습니다.

기름이 소모되는 양은 자동차마다, 어떻게 운전을 하느냐에 따라 제각각 달라서 일률적으로 몇 % 더 들어간다고 얘기하기는 어렵습니다. 그래도 굳이 이야기한다면, 에어컨을 틀면 평상시보다 15~20% 정도 연료가 더 소모됩니다.

그래서 더워도 에어컨을 켜는 대신 창문을 열고 운행하는 분들도 많습니다. 그런데 창문을 열고 달리는 것보다 에어컨을 트는 것이 오히려 더 낫다는 얘기도 있습니다. 자동차가 세게 달릴수록 공기의 저항을 받습니다. 앞으로 달려나가는 자동차를 공기가 막는 것입니다. 공기저항은 자동차 속도에 비례하기 때문에 속도가 올라갈수록 저항이 커지는데 보통 시속 약 60~70km가 넘으면 창문을 여는 것보다는 에어컨을 켜는 것이 더 경제적이라고 합니다.

그리고 선풍기와 마찬가지로 에어컨 설정온도를 낮추거나 바람을 세게 틀면 기름 더 많이 먹으므로 더위를 식히는 정도에서 적당히 냉방을 하는 게 좋습니다. 또 냉매가 부족하면 에어컨을 세게 틀어도 시원하지 않으므로 냉매가 적당한지도 확인해야 합니다. 에어컨을 켤 때는 바람 세기를 3~4단에 맞춰서 가동한 다음, 몇 분 뒤에 1~2단으로 낮추는 것이 냉방 효율과 기름 절약에 좋다고 합니다.

또 운전 도중에 에어컨을 켜는 것은 좋지 않습니다. 순간적인 과부하로 콤프레서가 손상되거나 성능이 떨어질 수 있기 때문입니다. 운행 중에 켜야 할 경우에는 신호대기 등으로 정차했을 때 하는 것이 좋고 끄는 것도 시동을 멈추기 2~3분 전이 좋습니다. 에어컨을 켠 채 시동을 끄면 습기가 맺혀서 곰팡이가 생길 수 있습니다.

06

고속도로에 떨어진 물건으로 사고가 났다면?

고속도로를 달리다가 무언가가 날아와서 차에 손해를 입거나 사고가 나는 경우가 종종 있습니다. 고속도로를 달리다가 무언가가 날아와서 '탁' 소리와 함께 운전석 앞유리에 금이 간 경우, 누구한테 보상을 받고 또 금이 간 유리는 어떻게 수리할까요?

한국도로공사 홈페이지 게시판에는 이와 같은 민원 글들이 많이 올라와 있습니다. 결론부터 말하자면, 고속도로를 달리다가 자동차에 피해가 생기는 경우에 도로공사 책임이 아닌 것은 배상하지 않습니다. 즉, 다른 차량에서 떨어뜨린 물건이나 부품, 돌멩이 같은 것이 튀어서 차량이 파손되었다면 도로공사 측에서는 책임을 지지 않습니다.

이 같은 문제로 소송이 붙은 후에 "도로공사가 관리자로 안전관리에 최선을 다하는 중에, 관리자가 어쩔 수 없는 상황에서 피해가 발생했을 때는 관리상의 하자를 인정할 수 없다."라는 대법원 판결도 있습니다.

그렇다고 파손이나 사고에 대해서 도로공사가 아무 책임을 지지 않는 것은 아닙니다. 도로시설물이 잘못되어 사고가 났거나, 도로변 제초작업을 하다가 돌이 튀어서 차량에 피해가 생긴 경우 또 도로 파임(포트 홀) 때문에 피해가 생겼을 때는 도로공사가 보상해줍니다. 이 경우에는 1588-2504 도로공사 콜센터로 연락을 하면 됩니다. 사고가 나면 위험하지 않은 갓길이나 쉼터 등에 차를 세우고 연락을 하면, 도로공사 차량이 출동해서 확인하고, 추후에 보상 조치를 해줍니다.

그런데 적재 불량 차량으로 인한 사고도 꽤 일어납니다. 도로공사가 적발하는 것이 1년에 30만 대가 넘고, 그중 8만 대는 도로교통법에 따라 고발 조치되고 있습니다. 고발된 차량은 범칙금을 내는데 액수가 생각보다 적습니다. 과적 차량은 50만 원에서 100만 원까지 과태료를 내는데, 적재 불량 범칙금은 도로교통법에 따라서 4만 원을 내게 되어 있습니다. 15년, 20년 전 금액이 지금까지 그대로라고 합니다.

도로공사에서는 낙하물 신고포상제를 하고 있습니다. 앞서가는 차량이 과적을 잘못해서 물건을 떨어뜨리는 걸 목격했을 때, 해당 차량 번호를 신고하고, 블랙박스 영상을 제출하면 5만 원의 포상금을 지급합니다. 이 신고 전화번호 역시 1588-2504입니다.

그렇다면 살짝 금이 간 유리는 어떻게 수리해야 할까요? 그냥 타면 금과 구멍이 커지고 위험하므로 교체해야 합니다. 그런데 아주 작은 구멍인 경우에는 자동차 유리 복원제를 이용하는 것이 좋다는 의견도 있습니다. 깨진 부분에 유리 접착제를 발라서 때우는 방법인데, 금을 없애거나 금이 더는 커지지 않게 하는 효과가 있다고 합니다.

앞유리를 교체하는데 드는 비용은 차종과 유리 종류에 따라서 다르겠지만, 2,000cc급 자동차 일반 유리는 20만 원에서 30만 원가량 합니다.

07

블랙박스에 찍힌
교통 위반 사례

교통위반 고지서가 우편으로 날라 오면 가슴이 철렁합니다. 요즘에는 시민의 블랙박스에 적발된 교통위반 사례가 늘어가고 있습니다. 시민의 위반사항 적발은 경찰이 적발한 것과 같은 것일까요?

요즘 블랙박스를 달고 있는 자동차들이 많습니다. 블랙박스에 찍힌 영상으로 다른 자동차의 교통법규 위반을 신고하는 사례도 갈수록 늘고 있습니다. 2013년 1년 동안 신고 건수가 25만3000건, 1년 만에 두 배가량 증가했습니다.

예전에는 일명 카파라치제도를 시행하여 신고자에게 포상금을 지급했는데, 지금은 신고해도 포상금을 지급하지는 않습니다. 그런데도 시민들이 자발적으로 참여하여 위반 차량을 신고하는 것입니다.

사실 운전을 하다 보면, 교통법규를 마구 위반하거나 끼어드는 얄미운 차량을 종종 볼 수 있습니다. 그런 운전자들은 경찰이 있는지 없는지 살피면서 교통법규를 위반하는데 이제는 다른 운전자들이 그

장면을 블랙박스나 스마트폰으로 찍어서 신고해버립니다.

　인터넷으로 법규위반을 신고하는 방법은 이렇습니다. 우선 인터넷 포털에서 '사이버경찰청'을 검색하거나 www.police.go.kr에 접속하면 홈페이지 왼쪽에 '경찰민원포털'이라는 항목이 있습니다. 이 항목을 클릭한 후, '국민신문고민원'에서 '교통민원'을 선택하면 아래쪽에 '교통법규위반신고'가 나옵니다. 여기를 클릭해서, 신고자 정보입력을 하고 민원내용에 위반사항 입력 및 첨부 파일을 올립니다. 동영상 용량은 최대 10MB입니다. 이 때 주의할 점은 위반을 목격한 지 1주일 이내여야 하고, 동영상 위반 차량의 번호판 인식이 가능해야 합니다.

　중점 신고대상은 대표적인 5대 위험·얌체 운전행위인 신호위반, 중앙선 침범·U턴 위반, 주정차 위반, 끼어들기, 이륜차 인도 주행입니다. 신고내용은 경찰 단속과 똑같은 효력이 있습니다. 이제 교통경찰 보이지 않는다고 법규를 위반해도 되는 시대는 갔습니다.

　특히 횡단보도 정지선은 횡단보도와 간격이 약간 벌어져 있어서 위반하기 쉬운데, 위반 기준과 범칙금은 다음과 같습니다. 빨간색이나 노란색 신호등에 정지선을 넘은 경우, 신호와 관계없이 보행자가 횡단할 때 차가 방해하면서 정지한 경우는 각각 범칙금 6만 원에 벌금이 15점입니다. 녹색 신호에 정지선을 통과했지만, 교통체증 때문에 멈춰선 경우는 범칙금 4만 원, 지방도로 등에 표시된 '일시 정지'를 위반한 경우는 범칙금 3만 원이 부과됩니다. 정지선을 지키기 위해서는 주행 중에 노란색 불이 들어오면 먼저 속도를 줄이는 습관을 들여야 합니다.

운전자에게 운전할 때
무엇보다 우선해야 할 것은 바로
보행자를 보호하는 것입니다.

08

횡단보도에 대한 갖가지 궁금증

까만 도로 위에 난 흰 줄이 얼룩말 무늬 같다고 하여 횡단보도를 제브러 크로싱이라고 부릅니다. 세계에서 가장 유명한 횡단보도는 영국 런던에 있습니다. 비틀스 멤버들이 표지사진을 찍어 유명해졌는데, 이곳에서는 길을 건너려는 사람보다 비틀스 폼을 잡고 사진을 찍으려는 사람이 더 많다고 합니다. 그렇다면 횡단보도는 언제 시작되었을까요? 또 횡단보도를 설치하는 기준은 무엇일까요?

자동차가 발명된 후 생겼을 것 같은 횡단보도는 사실 로마 시대부터 있었습니다. 우리에게는 화산 폭발로 유명한 도시 폼페이에서 시작되었습니다. 이곳에서는 도로 곳곳에 수로가 흘렀는데, 로마인들은 이 수로 위로 디딤돌을 깔아서 옷자락이 젖지 않게 했습니다. 이것을 횡단보도의 기원으로 보기도 합니다.

그리고 지금 우리가 알고 있는 형태의 현대식 횡단보도는 영국 런던에서 시작되었습니다. 1868년 웨스트민스터에 처음 등장했고, 본

격적으로 등장한 때는 1926년입니다. 당시 런던에 자동차가 증가하면서 사람들이 차도를 건너다 치이는 사고가 자주 발생했습니다. 그래서 교통자문 위원회가 연구한 끝에, 도로에 세로줄을 그어서 횡단보도를 만들었습니다. '여기서 건너세요'가 적힌 표지판도 설치했습니다. 그런데 세로줄만으로는 쉽게 식별이 되지 않자, 1951년에 세로줄 안에 가로줄을 여러 개 그어서 식별을 쉽게 했고, 이것이 세계로 퍼져나가게 되었습니다.

횡단보도는 도로교통법 11조에 지방경찰청장이 기준에 따라서 설치할 수 있다고 정했습니다. 모든 횡단보도에는 횡단보도표시와 횡단보도표지판을 설치해야 하고, 도로 표면이 포장되지 않아서 횡단보도표시를 할 수 없는 때는 횡단보도 표지판을 설치해야 합니다. 그리고 육교나 지하도 및 다른 횡단보도로부터 200m 이내에는 설치하지 못하게 되어있습니다. 다만, 어린이 보호구역, 노인 보호구역, 장애인 보호구역으로 지정된 구간이나 필요하다고 인정되는 경우에는 200m 이내라도 설치할 수 있습니다.

횡단보도 중에는 신호등이 있는 곳이 있고, 없는 곳도 있습니다. 신호등을 설치하려면 해당 장소에 유동인구가 많아야 합니다. 차량 신호기가 설치된 교차로의 횡단보도 중에서, 하루 중 통행량이 가장 많은 1시간 동안의 횡단보행자가 150명을 넘는 곳에 설치합니다. 번화가의 교차로, 역 앞 등의 횡단보도로서 보행자의 통행이 빈번한 곳, 차도의 폭이 16m 이상인 교차로 또는 횡단보도에서 차량 신호가 변하더라도 보행자가 차도 내에 남을 때가 많을 경우에도 설치해야 합니다.

횡단보도를 건너는 시간도 정하는 기준이 있습니다. 녹색 신호등 시간은 **보행 진입시간 7초+1초당 1m**를 원칙으로 결정됩니다. 30m 횡단보도라면 **7초+30초=총 37초**가 됩니다. 1초당 1m라는 기준은 건장한 성인의 걸음걸이를 기준으로 삼았습니다. 미국의 경우는 1초당 1.2m에서 1.3m 수준으로 매우 빠른 편이고, 일본은 우리와 같은 1초당 1m가 기준입니다. 미국 사람들이 횡단보도를 빨리 건너는 이유는

교통 신호등은 왜 빨강, 초록색일까?

눈과 관련해서 과학적인 의미가 있습니다. 우리 눈은 망막에 정확한 상이 맺히게 하기 위해서 수정체를 확장시키거나 수축시켜서 조절을 합니다. 그런데 빨간색은 빛의 굴절률이 작습니다. 그래서 망막보다 뒤에 상을 맺습니다. 그러니 핀트 기능을 가진 수정체가 급하게 조절을 합니다. 이 때문에 이 빨간색은 실제보다 더 돌출돼 보인다고 합니다.

반면에 초록색은 빛의 굴절률이 커서 망막보다 앞에 상을 맺습니다. 때문에 수정체가 가늘어지고 그 영향으로 실제보다 더 들어가 보입니다.

신호시간이 짧기 때문입니다.

그런데 관절이 아프거나 연약한 어르신들은 1초당 1m 걷기가 힘에 부칩니다. 그래서 노인보호구역 안에 있는 횡단보도의 녹색신호등은 1초당 0.8m를 적용하고 있습니다. 서울의 경우, 전체 40%의 신호등이 1초당 0.8m를 적용하고 있습니다.

09

로드킬 당한 동물을 봤을 때, 어디에 신고해야 할까

동물들이 먹이를 구하거나 이동하기 위해서 도로를 건너다가 차량에 치여 죽거나 다치는 것을 로드킬이라고 합니다. 도로 건설이나 공사 등으로 인해서 서식지, 이동통로를 잃은 야생동물이 차에 치이는 경우가 많습니다. 이 때문에 동물만 위험한 것이 아니라 차량도 끔찍한 피해를 입을 수 있습니다. 도로에서 로드킬 당하는 동물, 얼마나 될까요? 이런 동물들을 보면 어디로 신고를 해야 할까요?

2014년 국회 국정감사 때 한국도로공사로가 제출한 자료를 보면 2009년부터 2013년까지 모두 1만819마리의 야생동물이 도로에서 로드킬을 당했다고 합니다. 1년에 평균 2,000마리가 희생되는 셈입니다. 신고되지 않은 것도 많을 테니, 실제로는 훨씬 많다고 봐야 합니다.

희생된 동물은 고라니가 가장 많습니다. 지난 5년 동안 9,078마리가 희생되었습니다. 그리고 너구리 1,088마리, 멧토끼 198마리, 멧돼

지 142마리로 그 뒤를 이었습니다. 또 멸종위기 종인 삵도 113마리나 도로에서 생명을 잃었고 오소리 102마리, 족제비 58마리도 로드킬의 주요 대상이었습니다.

고라니가 압도적 많이 희생된 이유는 기본적으로 개체 수가 많기 때문입니다. 고라니는 사슴과科에 속하는 동물입니다. 암수 모두 뿔이 없는 것이 특징입니다. 나뭇잎 중에서도 가지 끝 부분에 달린 연한 잎만 주로 먹는 온순한 초식동물인데, 우리나라와 중국에서만 서식하는 것으로 알려졌습니다. 그런데 이 고라니의 서식지가 고속도로가 많이 지나는 저지대라고 합니다.

로드킬의 피해는 동물만 입는 것이 아닙니다. 사람도 로드킬에 의한 직접, 간접적인 영향으로 큰 사고를 겪게 될 수 있습니다. 어두운

길에서 동물이 갑자기 나타나면 순간적으로 핸들을 꺾기 쉽고, 그러다가 큰 사고로 이어지는 경우도 있습니다.

고속도로를 달리다 보면 야생동물이 지나다닐 수 있는 통로가 있는데, 이것을 생태이동 통로라고 합니다. 도로나 철도 건설로 동물의 서식지가 단절되는 것을 막고, 안전한 이동을 돕기 위해 설치한 인공 구조물입니다. 현재 전국적으로 460여 개가 있는데, 유명무실한 곳이 많습니다. 통로 입구에서 보면 맞은편 출구가 보이지않는 곳이 꽤 있는데 터널의 길이에 비해 폭이 좁으면 그런 현상이 일어납니다. 그런데 초식동물들은 겁이 많아서 시야가 확보되지 않는 곳은 지나가기 무서워한다고 합니다. 겁 많은 동물들에게는 생태이동통로가 있어도 아무 도움이 되지 않는 것입니다.

도로를 달리다 보면 종종 '야생동물 주의' 표지판이 보입니다. 야생동물은 자신이 사는 지역 도로에서 자동차들이 어느 정도 속도로 달리는지 알고 있다고 합니다. 해당 도로의 제한속도를 알고 있어서 나름대로 판단을 하고 도로를 건너는데, 자동차가 과속으로 달려오면 피하기가 어려워서 사고가 납니다.

만약 로드킬 당한 동물을 봤다면 유선전화는 국번 없이 120번이나 128번으로 하면 되고, 휴대전화는 해당 지역 번호를 누른 후 120번 또는 128번으로 연락하면 됩니다. 그러면 해당 지역의 시청이나 구청으로 연결되어 담당 공무원이 구조하거나 처리합니다.

10

비행기 블랙박스는 왜 꼬리에 있을까?

비행기 블랙박스는 사고가 났을 때 중요한 역할을 합니다. 그런데 블랙박스의 위치가 조종석이 아닌 꼬리에 있다고 합니다. 왜 그럴까요?

비행기 블랙박스는 자동차 블랙박스와 기능이 비슷하지만, 동영상 촬영이 가능한 자동차 블랙박스와 달리 비행기 블랙박스는 동영상 촬영이 되지 않습니다. 비행기 블랙박스는 두 가지 기록 장치가 있습니다. 하나는 조종실에서 일어나는 모든 소리를 녹음하는 조종실 음성 기록 장치이고 다른 하나는 비행과 관련한 모든 데이터를 저장하는 비행자료 기록 장치입니다. 두 개의 기록 장치는 블랙박스 하나에 담길 수도 있고 별도의 박스로 나눌 수도 있습니다.

음성 기록 장치는 기장과 부기장, 항법사의 모든 대화는 물론이고 작은 소음까지 모두 녹음하게 되어 있습니다. 끄고 켤 수 있는 스위치가 따로 없어서 누군가가 임의로 끌 수 없습니다. 비행을 시작하면 자동으로 모두 녹음이 됩니다. 다만, 조종사가 조종실 구조나 설계도를 미리 알고서 연결 회로를 끊어버린다면 녹음이 되지 않을 수도 있습니다.

블랙박스의 블랙은 색깔이 아니라 속에 뭐가 들어있는지, 까보기 전에는 알 수 없다는 뜻입니다. 미국 사람들이 사람 속을 알 수 없을 때 블랙박스라고 한데서 유래했습니다. 비행기 블랙박스의 실제 색은 눈에 잘 띄는 형광물질의 주황색이라고 합니다.

블랙박스는 비행기가 추락해도 쉽게 폭발하지 않습니다. 특수 소재로 만들어졌으며 자기 무게의 3,400배를 감당할 수 있고, 1,100℃의 엄청난 고열에서도 30분간 견딜 수 있기 때문입니다.

비행기는 사실 안전한 위치가 따로 없습니다. 사고가 어디서 어떻게 나느냐에 따라 안전한 곳이 달라지기 때문입니다. 그런데 이 블랙박스는 비행기 꼬리 밑 부분에 설치되어 있습니다. 사고가 날 때 그나마 비교적 안전한 곳이 꼬리 부분이라고 보기 때문입니다.

또 블랙박스는 사고가 난 후 물속에 잠긴 비행기를 찾을 수 있게 해줍니다. 블랙박스에는 핑어Pinger라는 초음파 발신기가 달려 있습니다. 이 장치가 물에 닿으면 내부에서 화학반응이 일어나며 초음파(진동수 37.5kHz) 신호를 내보냅니다. 그리고 이 신호를 블랙박스 탐지 장치가 찾아냅니다. 블랙박스는 자체적으로 전원을 공급하는 배터리가 있어 약 한 달 정도까지 버틸 수 있습니다. 그래서 사고 후 한 달 안에 비행기를 찾아야 합니다.

11

전투기 조종사는 소변, 대변 같은 생리현상을 어떻게 해결할까?

하늘을 가로지르는 전투기는 참으로 멋집니다. 그리고 전투기 안에서 멋지게 운전을 하는 조종사는 그야말로 하늘의 영웅입니다. 그런데 전투기에는 화장실이 없습니다. 그렇다면 하늘의 영웅 전투기 조종사는 소변, 대변 같은 생리현상을 어떻게 해결할까요?

일단 전투기의 경우에는 공간 문제로 따로 화장실이 없습니다. 다만, 우리나라의 경우 영토가 그다지 크지 않다 보니 비행시간이 대개 3시간 내외여서 그 정도는 참을 수 있습니다.

만약 장시간 비행을 하는 경우에는 소변의 경우 릴리프 백Relief bag이라 불리는 일종의 소변 주머니를 이용합니다. 릴리프 백은 잘 찢어지지 않는 질긴 비닐 주머니 안에 특수한 재질의 스펀지나 기저귀 등에 사용하는 수분흡수알갱이들이 들어 있어서 소변을 보는 순간 모두 흡수하여 흐르지 않도록 해줍니다.

사실 전투기 조종사의 경우, 급하면 땅으로 착륙이라도 할 수 있지만, 가장 큰 문제는 우주비행사들입니다. 우주복의 무게는 120kg 정

도 되는 데다가 한 번 입고 벗는 데 몇 시간씩 걸리고, 우주유영 중에는 화장실을 갈 수 없어서 우주개발 초기부터 우주비행사들의 용변 해결 문제는 아주 중요했습니다.

우주복 내부에 소변 수집 장치와 특수 기저귀를 설치해 이 문제를 해결했는데, 그런데도 우주에서 용변을 보는 것은 쉬운 일이 아니라 우주비행사들은 출발하기 전에 대개 관장을 하고 속을 비웁니다. 식단도 최대한 섬유질이 적고 소화가 잘되어 용변을 자주 보지 않는 음식들로 세심하게 선정합니다.

> 멋진 조종사와 우주비행사의
> 모습 뒤에는 인간의 일차적 욕구인
> 배변 욕구까지 참아야 하는
> 아픔이 있습니다.

12

지하철 세 자리 숫자에 담긴 의미

> 지하철역에 표시된 세 자리 숫자 중에서 첫 번째 숫자는 해당 지하철역의 호선을 나타냅니다. 그렇다면 그다음 두 자리 숫자는 무엇을 나타내는 숫자일까요?

지하철역의 세 자리 숫자는 각 역의 고유번호입니다. 그 중 첫 번째 숫자는 호선을 나타냅니다. 예를 들어, 201은 서울 시청역 숫자인데, 2는 2호선이고, 그다음 01은 첫 번째 역이라는 의미입니다. 2호선은 순환선인데, 시청을 기준으로 역 번호가 시계 방향 순입니다. 또 을지로입구역은 202, 을지로3가역은 203, 시청역 바로 전 역인 충정로역은 시계방향으로 한 바퀴 돌아서 243입니다.

그런데 2호선 이외의 노선들은 이와 다릅니다. 1호선은 경원선 최북단인 소요산역부터 100으로 시작하여, 남쪽으로 내려오면서 순서대로 번호가 붙습니다.

3호선은 원래 기점인 구파발역을 310번으로 해서 번호를 매겼는데, 이후에 일산까지 연장되면서 대화역이 310번으로 3호선의 기준

역이 되었습니다.

3호선의 시작이 301이 아니라 310인 이유는 노선이 확장될 때를 대비한 것입니다. 노선이 확장되면 10보다 앞선 역이 추가될 수 있으므로 미리 1에서 9까지 번호를 비워두는 것입니다. 지하철 4호선도 마찬가지입니다. 처음 개통될 때 상계역이 410번을 부여받았는데, 이후에 그보다 더 북쪽에 당고개역이 생겼습니다. 그래서 당고개역의 번호는 409입니다.

달리는 지하철 열차에도 번호가 있습니다. 차량 번호는 네 자리 숫자입니다. 맨 앞, 천의 자리 숫자는 호선을 의미하고 백의 자리는 칸을 뜻합니다. 또 마지막 두 자리는 편성번호를 뜻합니다. 예를 들어서 차량 번호가 3312면, 3호선의 열두 번째 편성 차량의 세 번째 칸이라는 뜻입니다.

더 알아보기

지하철 노선도의 원조

뉴욕 지하철 노선도는 지하철 노선도의 원조 격입니다. 뉴욕 지하철 노선도는 그래픽 디자이너 마시모 비넬리늬 작품입니다. 1972년에 아주 단순하면서도 논리적인 뉴욕 지하철 노선도를 선보여 유명해졌습니다. 이 노선도는 각 지하철 노선의 특징과 환승 지점 등을 색깔로 구분했고, 45도와 90도만 사용하여 단순함을 극대화했습니다. 우리나라 지하철 노선도도 영향을 받았습니다. 비넬리의 노선도는 모더니즘의 본질을 정확히 구현한 디자인이라는 평가를 받으면서 뉴욕 현대미술관 영구 컬렉션에 포함되기까지 했습니다.

지하철역 출구번호도 매기는 원칙이 있습니다. 승객에게는 역 번호나 차량 번호보다 출구번호가 더 중요합니다. 출구번호는 일단, 기준이 되는 출구를 1번으로 정하고, 거기서부터 시계방향으로 돌아가면서 2번 출구, 3번 출구 번호를 정합니다. 지하철 1호선은 청량리에서 서울역 방향으로 볼 때, 오른쪽 가장 앞의 출구가 1번이 되고, 시계방향으로 번호가 정해졌습니다. 2개 이상의 노선이 겹치는 환승역은 번호가 빠른 호선의 1번 출구를 기준으로, 호선에 상관없이 시계방향으로 출구번호가 부여됩니다.

13

기차에 안전벨트가
없는 이유

자동차나 비행기에는 안전을 위해 안전벨트를 매야 합니다. 그런
데 기차에는 안전벨트가 없습니다. 같은 이동 수단인데 왜 기차
에는 안전벨트가 없을까요? 우리나라에만 기차에 안전벨트가 없
을까요?

우리나라 철도 역사는 100년이 넘습니다. 1899년에 노량진과 인천
사이를 오가는 열차가 최초로 운행했으니 115년이 되었습니다. 그런
데 긴 기간 동안 열차 객실에는 안전벨트가 설치되지 않았습니다. 다
만 KTX 산천의 맨 앞자리 장애인 좌석에만 휠체어를 고정하는 용도
로 안전벨트가 설치되어 있습니다.

국토교통부 철도기술안전과에서는 열차가 충돌할 때 충격을 크게
받지 않기 때문에 안전벨트를 설치하지 않는다고 말하며, 전 세계적
으로 열차에 안전벨트를 설치한 곳은 없다고 합니다.

기차에서 사고가 났을 때 안전벨트를 차고 있으면 사상자가 더 늘
어난다는 영국철도안전표준위원회의 연구결과도 있었습니다. 안전

벨트로 인해서 탈출하기 어려운 경우가 발생할 수 있다는 것입니다. 그런데 최근 미국에서는 안전벨트를 설치해야 한다는 움직임이 일고 있습니다.

재작년 미국 뉴욕에서 통근열차가 탈선하는 사고가 났습니다. 한국인 1명을 포함해서 4명이 숨지고 60여 명이 다쳤는데, 4명의 사망자 중에서 3명이 객차 밖에서 발견되었습니다. 충격으로 튕겨 나간 것입니다. 그래서 이후에 미국 국가교통안전위원회가 열차충돌 실험을 해봤는데, 안전벨트를 맸을 때 튕겨 나가는 정도가 덜하다는 결론이 났습니다. 그래서 벨트 설치 여부를 검토 중입니다.

열차 속도가 갈수록 빨라지고 있어서 사고가 나면 대형사고로 이어질 수 있습니다. 그런데 철도회사는 안전벨트를 설치하려면 돈이 들어가기 때문에 대체로 부정적인 태도입니다.

안전벨트는 비행기에서 먼저 시작되었습니다. 옛날에는 비행기 조종석에 뚜껑이 없어서 비행기가 도는 사이에 조종사가 떨어지는 어

처구니없는 사고가 있었습니다. 이런 사고를 막기 위해서 1913년에 처음으로 안전벨트를 도입했습니다. 자동차 안전벨트는 1936년, 독일 아우토반에서 고속으로 레이싱을 하던 사람들이 차에서 튕겨 나가지 않기 위해서 매기 시작했습니다.

일반 자동차에는 주로 1950년대에 안전벨트가 등장했는데, 그때는 선택사양이었습니다. 1959년 지금 같은 모양의 3점식 안전벨트가 등장했고, 1969년에 영국이 모든 좌석의 안전벨트 장착을 법으로 정했습니다. 그리고 우리나라는 1978년에 안전벨트 장착을 의무화했습니다. 이후 1986년에 자동차전용도로에서는 반드시 안전벨트를 착용해야 한다는 규정을 정했습니다.

14

노란 달걀, 흰 달걀
뭐가 다를까?

다들 집 냉장고에 달걀 몇 개씩은 들어있습니다. 옛날에는 흰 달걀이 많았는데, 지금은 대부분 노란 달걀입니다. 그렇다면 노란 달걀과 흰 달걀, 색깔이 다른 이 두 달걀은 어떤 차이가 있을까요?

달걀 색이 두 가지인 이유는 달걀 껍데기 색깔이 암탉 털 색깔을 닮은 것이기 때문입니다. 즉, 닭 품종 중에 백색 레그혼이나 미놀카 같은 털 색깔이 흰 닭은 흰 알을 낳고, 갈색이나 노란색인 뉴햄프셔나 로드아일레드 종 또는 잡종인 황색 닭은 그 털 색깔대로 노란색 알을 낳는 것입니다. 사실 과거에는 흰 닭도 많았고, 흰 달걀도 많았습니다. 그런데 시간이 흐르면서 노란 달걀이 흰색 달걀보다 영양도 좋고, 몸에도 더 좋을 것이라는 인식이 사람들 사이에 퍼졌습니다. 특히 털이 흰 닭은 외래종이고, 갈색 털을 가진 닭이 토종닭이라고 생각하면서 소비자들이 흰 알보다 노란 알을 더 많이 찾게 되었습니다.

하지만 실제로 두 달걀은 아무 차이도 없습니다. 단백질이 1~2g 정도 차이가 있을 뿐이지 영양분은 똑같다는 분석결과가 있습니다. 하지만 소비자들은 한번 가진 인식을 바꾸지 않았습니다. 그래서 양계 농가에서는 점점 흰 닭을 키우지 않게 되었고 1990년대 들어와서는 흰 닭, 흰 달걀을 거의 찾아보기가 어려울 정도가 되었습니다. 외국 영화를 잘 보면, 스크램블 에그를 해먹거나 냉장고를 열 때 흰 달걀이 많이 보입니다. 실제로 외국에서는 흰 달걀 유통이 압도적으로 많다고 합니다.

미국 달걀 협회가 낸 자료를 보면 노른자가 짙은 노란색이든 엷은 노란색이든 건강과는 큰 상관이 없고 단지, 암탉이 먹이로 뭘 먹었는지를 알려줄 뿐이라고 합니다. 즉 동식물에 들어있는 색소인 카로티노이드가 많이 든 곡물이나 풀을 먹은 닭은 노른자 색깔이 좀 더 짙은 달걀을 낳지만, 영양분이 더 많은 것은 아닙니다. 달걀흰자도 투명한 것이 있고, 조금 탁한 것이 있는데 이것도 영양분에서 전혀 차이가 없습니다. 다만, 달걀이 오래된 것일수록 흰자가 더 투명하고, 갓 나온 달걀일수록 흰자가 흐릿하게 보인다고 합니다.

더 알아보기

날달걀 세우기는 가능하다

많은 이들이 콜럼버스가 날달걀을 깨뜨려 세운 것을 낡은 고정관념을 깬 사례로 알고 있습니다. 하지만 이제는 달걀을 깨지 않고는 세울 수 없다는 생각이 고정관념입니다.

날달걀을 세워서 두 손으로 달걀의 허리 부분을 잡고 살짝 움직여가면서 균형을 잡아주면 균형이 딱 맞는 순간이 있습니다. 그 때 손을 떼면 달걀이 서 있게 됩니다. 처음에는 끝이 약간 뭉툭한 곳으로 하다가 숙달이 되면 끝이 뾰족한 곳으로도 세울 수 있습니다.

15

커피믹스에는
칼로리 표기가 없다

요즘 칼로리까지 꼼꼼하게 따져가면서 식사하는 이들이 많습니다. 마트에서 장을 볼 때 식품의 뒷면, 옆면에 표시된 영양 성분 표를 확인한 뒤에야 장바구니에 넣을지 말지 결정하는 분들도 있습니다. 과자나 음료 하물며 술도 칼로리 표시가 되어있습니다. 그런데 믹스커피에는 칼로리 표시가 되어있지 않습니다. 왜 그럴까요?

영양표시 대상 식품은 식품위생법 시행규칙에서 정하고 있습니다.

1. 장기보존식품(레토르트 식품만 해당)
2. 과자류 중에서 과자, 캔디류 및 빙과류
3. 빵류 및 만두류
4. 초콜릿류
5. 잼류
6. 식용 유지류油脂類

7. 면류

8. 음료류

9. 특수용도식품

10. 어육가공품 중 어육소시지

11. 즉석 섭취식품 중 김밥, 햄버거, 샌드위치

영양표시대상에 커피는 해당하지 않습니다. 그런데 블랙커피에는 칼로리 표시가 있는 경우도 있습니다. 칼로리 표시대상 식품은 반드시 표시해야 하지만 표시 대상이 아닌 식품은 업체 자율적으로 표시할 수도 있고, 하지 않을 수도 있기 때문입니다. 실제로 블랙커피는 100g에 6Cal 정도로, 칼로리가 낮은 편입니다. 아마도 칼로리가 낮다는 점을 알리려 표기를 하는 것이 아닌가 싶습니다.

믹스 커피는 한 봉지에 12g, 50Cal 정도입니다. 믹스커피 3개면 삼각 김밥 한 개 정도의 열량이니까 적은 편은 아닙니다. 그래서 업체들은 '칼로리를 2분의 1로 줄인 믹스 커피'를 내놓으면서, 맛과 향은 그대로 유지하면서 칼로리를 반으로 줄였다고 광고를 하기도 합니다.

식품의약품안전처에서는 영양 표시 대상 식품의 기준을 정부가 필요에 따라서 정합니다. 처음에는 특수용도 식품부터 표시 대상으로 삼았고, 다음으로 식사대용 식품 그리고 당이나 나트륨이 포함된 과자나 빙과류 같은 어린이 기호식품을 대상 식품으로 정했습니다. 커피도 표시 대상 식품으로 검토 중입니다.

영양표시를 반드시 해야 하는 식품 중에서도 '영양표시 대상 식품

가공업자가 즉석에서 제조 가공하는 식품', '최종 소비자에게 제공되
지 않고 다른 식품을 제조 가공 또는 조리할 때 원료로 사용되는 식
품', '식품의 포장 또는 용기의 주표시면 면적이 30㎠ 이하인 식품'
은 영양표시 대상 식품에서 제외된다는 규정이 습니다. 그래서 편의
점에서는 김밥과 햄버거 샌드위치에서만 영양성분을 찾아볼 수 있습
니다. 도시락이라든가, 다른 즉석 섭취식품에서는 칼로리 표기가 된
것을 찾아보기 어렵습니다.

> 요즘 칼로리를 꼼꼼하게 따져가면서
> 식사를 하거나, 간식거리를 찾는 분들도 많은데,
> 칼로리 표기 식품을 빨리 더 늘려야겠네요.

16

현미가 왜 백미보다 비쌀까?

최근 들어 건강한 밥상에 대한 관심 때문에 현미의 수요량이 증가하고 있다고 합니다. 그런데 현미는 백미보다 도정과정이 적은데 왜 백미보다 비쌀까요?

현미는 백미보다 도정 과정이 적습니다. 벼에서 왕겨만 벗겨낸 쌀이 현미인데, 0분도라고도 합니다. 현미는 쌀겨와 쌀눈을 그대로 갖고 있어 영양이 뛰어납니다. 반면에 백미는 현미에서 다시 겨 층을 제거한 것입니다. 밥맛이 좋지만, 쌀겨와 쌀눈이 깎여나가서 영양소의 손실이 크고 도정 과정이나 생산비용만 보면 현미보다 더 많이 들어갑니다.

그런데 실제 가격은 현미가 왜 더 비쌉니다. 바로 수요와 공급의 원리 때문입니다. 현미를 찾는 이들이 갈수록 늘고 있기는 하지만, 소비량을 보면 백미가 비교할 수 없을 정도로 많습니다. 그리고 현미는 작은 포장 단위로 사서 섞어 먹는 경우가 많습니다. 이렇게 현미 시장이 작고, 공급이 적다 보니 포장이나 유통비용이 더 많이 들고 그래서

소비자가 사는 가격도 백미보다 더 높은 것입니다.

그렇다고 해서 항상 현미가 더 비싼 것은 아닙니다. 왜냐하면, 백미도 품종이나 브랜드에 따라 가격차이가 크게 나기 때문입니다. 비싼 쌀은 현미보다 가격이 더 높을 수도 있습니다. 얼마 전에는 한 대형마트에서 10kg들이 현미를 백미보다 더 싸게 파는 기획행사를 하기도 했습니다.

쌀은 종류가 매우 많습니다. 흔히 아는 경기미, 여주 쌀, 김포 쌀은 품종이 아닌 브랜드입니다. 통일벼, 추청벼와 같은 것이 품종인데, 현재까지 개발된 벼의 품종은 약 350가지 정도 됩니다. 이 중 230가지 정도가 현재 재배되고 있습니다. 그리고 이 중에 약 10~20가지 품종이 주로 재배되고 있습니다.

다양한 품종 중에서 좋은 쌀을 고르려면 브랜드보다는 품종표시를 봐야 합니다. 호품, 신동진, 삼강 벼, 오대 쌀, 하이아미가 좋습니다. 혼합미는 품종이 섞인 쌀입니다. 또 품질표시도 검사와 미검사가 있는데 검사된 쌀을 사는 것이 안전하고 좋은 쌀입니다.

17

통조림은 언제부터 먹기 시작했나?

여름이 되면 즐거운 휴가가 기다려집니다. 옛날에는 친구들과 휴가를 갈 때, 테이프 들어가는 라디오와 꽁치나 고등어 통조림은 꼭 가져가서 찌개를 끓여먹곤 했습니다. 요즘에도 캠프를 갈 때 통조림은 꼭 챙겨가서 유용하게 사용합니다. 예전부터 지금까지 큰 사랑을 받는 통조림은 언제 생겼을까요?

캔 통조림은 획기적인 발명품입니다. 통조림이 처음 생긴 때가 나폴레옹 시절이었으니, 200년이 넘는 역사를 갖고 있습니다. 나폴레옹은 평소 이런 얘기를 많이 했습니다. "병사는 잘 먹어야 잘 싸운다." 그리고 "과학은 '전쟁의 으뜸가는 신'이다." 그래서 전쟁이나 군사적 문제 해결에 도움이 될 수 있는 아이디어를 찾기 위해 산업장려협회를 세웠습니다. 게다가 좋은 아이디어에 1만2000프랑, 약 5만 달러를 현상금으로 내걸었습니다.

그때 나온 아이디어들을 보면, 영국군 1개 여단을 모두 수면에 빠뜨릴 수 있는 마법의 가루, 병사들을 공중에 날게 하는 날개, 적진에

돌격하는 개들에게 부착하는 폭탄과 같은 기발하면서도 황당한 제안들이었습니다.

그중 나폴레옹 눈에 딱 띄는 게 하나 있었는데 바로, 병 속에 보관한 채소였습니다. 이것은 페인병 제조업자인 니콜라스 아페르라는 사람이 개발했습니다. 병 속에 음식을 넣고 공기를 뺀 다음 코르크 마개로 닫아 두면 맛도 변하지 않고 품질도 상하지 않았습니다. 그 병을 본 나폴레옹은 아페르에게 곧장 상금을 지급했고, 병 속의 식량을 대량생산할 수 있는 공장의 책임자로 임명합니다.

병사는 잘 먹어야 잘 싸우는데, 식량을 간편하게 갖고 다니고 오래 보관할 수 있으니 전쟁에 아주 유용했습니다. 이후로 나폴레옹 군대는 보급 체계가 단순해졌고, 행군속도도 빨라졌습니다. 덕분에 가는 곳마다 승리를 거두게 되었습니다. 영국군은 프랑스군대가 강해진 데 의문을 품고 이 병을 가진 프랑스 병사를 잡습니다. 그리고는 곧바로 이 병의 원리를 알아내게 됩니다.

프랑스가 만든 병을 캔으로 바꾼 것이 바로 영국입니다. 영국의 기계공이었던 듀란드라는 사람이, 즐겨 마시던 홍차의 차 통에 착안해서 병 대신 양철 통조림을 만듭니다. 이때가 1810년, 세계 최초로 뚜껑이 잘 열리지 않는 주석 깡통이 탄생했습니다. 듀란드는 곧바로 통조림 제조 특허를 냈고 이 아이디어를 산 영국회사가 1812년 세계 최초의 통조림 제조공장을 세웁니다.

　초기에는 내용물을 꺼내는 방법을 소홀하게 생각했습니다. 그래서 가위나 끌로 윗부분을 오려내서 열었습니다. 기도 하고 전쟁터에서는 총으로 쏘기도 해서 내용물이 다 튀고, 사고도 자주 났다고 합니다. 그러다 오늘날 우리가 쓰는 깡통따개는 1870년대 미국에서 나왔습니다. 그리고 약 90년 후인 1959년에 뚜껑에 고리를 부착한 통조림통이 등장합니다.

더 알아보기

방부제를 넣지 않았는데도 통조림 유통기간이 긴 이유는?

통조림은 일반적으로 세정, 조리, 탈기脫氣, 밀봉, 살균 등의 과정을 거칩니다. 특히 원료를 삶거나 찌는 조리 과정에서 공기를 제거하고, 밀봉할 때도 살균과 더불어 미생물, 수분, 공기 등이 통조림 안에 침투하는 것을 차단합니다. 이것 때문에 부패나 변질을 막고, 장기간 보존도 가능한 것입니다.

18

백숙에서 치킨까지

우리 국민이 먹는 닭이 1년에 약 8억 마리입니다. 그리고 치킨 전문점 수도 참 많습니다. 주거 및 근무지 1km² 안에 영업 중인 치킨 전문점의 수도 약 13개입니다. 우리는 언제부터 이렇게 치킨을 많이 먹게 되었을까요?

1950년대 60년대까지만 해도, 닭은 밖에서 먹거나 배달시켜 먹는 음식이 아니었습니다. 주로 집에서 백숙으로 해먹었습니다. 그리고 백숙용 닭도 밖에서 사 오지 않고 주로 집에서 키우던 닭이 알 낳는 능력이 떨어지면 잡아서 백숙을 해먹었습니다. 그러다가 등장한 것이 전기구이 통닭입니다. 이때부터 닭을 밖에서 사 먹기 시작했습니다.

전기구이 통닭은 종이봉투에 전기구이 통닭 그림이 그려져 있었습니다. 이 전기구이 통닭을 통해서, 사람들은 바야흐로 물에서 건져낸 닭의 맛을 알게 되었습니다. 닭 껍질의 기름기와 냄새에 혀와 코를 사로잡히게 됩니다. 이 영양센터가 국내에 처음 등장한 때가 1961년 서울 명동이었습니다.

이렇게 명동에서 시작된 영양센터가 서서히 전국으로 퍼져나가기 시작했는데, 이를 가능하게 만든 것이 바로 사료와 양계장이었습니다. 통닭을 팔려면 닭을 대량으로 공급해야 했습니다. 그런데 1963년에 우리나라에 복합사료 공장이 들어섭니다. 원조와 차관 형태로 본격적인 사료 생산이 시작되면서 양계산업도 커지기 시작합니다. 실제로 1960년에 사육된 닭이 1200만 마리였는데, 10년 후 1970년에 2400만 마리로 늘었고 1998년에는 4억 마리가 됩니다.

전기구이 통닭으로 기름 맛을 알게 된 사람들은 더 고소하게, 더 빨리 조리되는 튀김 닭에 빠져들게 됩니다. 바로 켄터키 프라이드 치킨입니다. 이것은 미국식 닭튀김인데, 닭 한 마리를 여러 조각으로 나눠서 맛소금이나 마늘, 후춧가루, 조미료 등을 넣은 튀김옷을 입힙니다. 달궈진 기름에 담갔다가 노릇노릇하게 익으면 빼냅니다.

1977년에 국내 최초의 치킨 프랜차이즈가 등장했고, 1984년에 진짜 미국 켄터키 프라이드가 국내에 선을 보입니다.

영양 측면에서는 기름에 튀기고 첨가물이 많이 들어가는 프라이드보다 기름을 쫙 빼는 전기구이 통닭이 낫습니다. 그러나 치킨은 고소하여 맛이 좋고, 시간이 지나도 전기구이처럼 딱딱해지지 않아서 대세가 되었습니다.

그러다 1997년 IMF 외환위기가 왔습니다. 당시 기업들이 구조조정을 하면서 명예 퇴직자들이 대량으로 쏟아져 나왔습니다. 그리고 퇴직자들이 치킨 전문점을 차리기 시작했습니다. 이때 B로 시작하는 프랜차이즈업체가 크게 번창했는데, 당시 이 업체의 광고 문구는 "아직도 넥타이에 집착하십니까?"이었습니다.

19

청양고추,
충남 청양과의 관계

> 우리 국민은 고추를 좋아하고 많이 먹습니다. 그중에서도 매운맛
> 이 강한 청양고추를 즐겨 먹는 사람들이 많습니다. 그런데 우리
> 나라의 지명 중 충남 청양이 있습니다. 청양고추는 충남 청양과
> 관계가 있나요?

풋고추 한 개에는 비타민C가 귤의 네 배나 들어있습니다. 많이 먹으
면 비타민 섭취에 좋습니다. 또 매운맛을 내는 캡사이신 성분이 있는
데 항산화, 항염증은 물론 스트레스 해소와 다이어트에도 탁월한 효
과가 있다고 알려졌습니다. 청양고추에는 캡사이신 성분이 특히 많
이 들어 있습니다.

　청양고추와 충남 청양의 관계는 논란이 있습니다. 충남 청양군은
"청양고추의 원산지는 '청양'이다."라고 주장해왔고, 경북 청송군과
영양군은 "청양고추는 우리 고장에서 개발된 것이다."라고 주장하고
있습니다.

　청양고추는 토종 고추가 아니고 개량종이기 때문입니다. 지금은

외국계 회사가 된 중앙종묘라는 회사의 유일웅 박사가 개발했습니다. 제주산 고추와 태국산 고추 땡초를 잡종 교배하여 더 매워진 것입니다.

유일웅 박사는 개발한 품종으로 경북 청송과 영양에서 몇 년간 시범 재배를 했는데 성공적으로 수확되었습니다. 그래서 청송의 '청', 영양의 '양' 각각 한 글자씩을 따 '청양 고추'라는 이름으로 상표 등록을 했습니다. 놀라운 사실은 청송, 영양 또 충남 청양군에서도 청양고추 농사를 많이 짓지만, 청양고추를 가장 생산하는 곳은 경남 밀양입니다. 밀양에서 전국 청양고추 생산량의 50%를 생산하고 있습니다.

고추의 원산지는 중남미입니다. 임진왜란 때 우리나라에 전해졌다고 합니다. 그런데 최근에는 삼국시대에 만주를 통해서 유입됐다는 설도 제기되고 있습니다. 이 주장은 중국의 《삼국지 위지동이전》에 "한반도에서 고초라는 향신료를 쓴다."는 기록을 근거로 삼고 있습니다. 조선 세종 때 《식료찬요》 초장에 관한 언급과 세조 때 작성된 《산림경제》에도 고초苦椒, 초椒와 같은 단어가 등장하는 것도 근거로 들고 있습니다.

청양고추를 잘못 먹으면 숨이 막힐 정도로 매운데, 세계적으로 보면 청양고추가 가장 매운맛은 아닙니다. 고추의 매운맛은 스코빌이라는 화학자가 개발한 스코빌 스케일SHU 단위로 측정합니다. 청양고추는 4,000~10,000 SHU 정도입니다. 그런데 이 청양고추보다 몇 십 배, 몇 백 배 더 매운 고추도 있습니다.

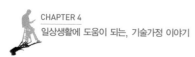

20

설날에 떡국을 먹는 이유

우리는 설날 아침이면 떡국을 먹습니다. 그리고 떡국을 먹은 후
에야 나이 한 살을 더 먹었다고 합니다. 그런데 설에는 왜 떡국을
먹을까요?

떡국은 더할 첨添, 나이 세歲, 떡 병餠자를 써서 첨세병添歲餠이라고도
부릅니다. 또 상대방 나이를 물을 때 비유적으로 떡국을 몇 그릇이나
먹었냐고 합니다. 떡국이 새해 첫날에 먹는 세찬이기 때문입니다.

설날 차례상에 떡국을 올린 이유는 떡국 떡과 관계가 있습니다. 떡
국 떡을 만드는 가래떡 모양은 길쭉한데 이것이 무병장수와 풍년을
기원하는 의미를 담고 있습니다. 그리고 새해 첫날은 천지 만물이 새
로 시작되는 날이기 때문에 청결하고 신선해야 하는데 가래떡의 흰
색이 그런 느낌을 줍니다.

가래떡을 동그란 모양으로 썰어서 떡국을 끓인 이유는, 그 둥근 모
습이 엽전 모양과 비슷했기 때문입니다. 재물이 풍족하기를 바라는
소망이 담겨있는 것입니다. 또 가래떡을 만들기 위해서 시루에 찐 떡

을 가늘고 길게 늘여 뽑았는데, 이 행위에는 재산이 쭉쭉 늘어나라는 바람이 담겨 있었습니다. 장수와 부귀를 바라는 소망이 떡국에 담겨 있는 것입니다.

떡국을 정확히 언제 먹기 시작했는지는 알 수 없습니다. 다만 최남선이 1946년에 쓴 《조선상식문답》을 보면, "설날에 떡국을 먹는 풍속은 매우 오래된 것으로, 상고시대의 신년 제사 때 먹던 음복飮福 음식에서 유래된 것이다."라고 되어 있습니다. 즉, 떡을 주식으로 먹던 때의 관습을 지속하였다는 해석입니다. 1800년대 초반에 쓴 《열양세시기》와 《동국세시기》에서는, "떡국은 정조 차례와 세찬에, 없으면 안 될 음식으로 설날 아침에 반드시 먹었으며, 손님이 오면 대접했다."라고 적혀있습니다. 이것으로 보아 떡국은 적어도 고려 시대 이전부터 있었을 것으로 추정되고 있습니다.

떡국은 지역에 따라 만들어 먹는 법이 달랐습니다. 개성 지방에서 시작된 조랭이떡국은 다른 지방과 달리 유독 누에고치 모양으로 떡을 비틀어 만든 것이 특징입니다. 고려를 무너뜨린 조선 태조 이성계에 대한 증오심과 더불어 조선의 목을 비틀어버리고 싶다는 뜻에서 떡을 비벼서 만들었다는 얘기가 있습니다. 또 사람들이 엽전꾸러미처럼 생긴 조랭이떡국을 먹으면서 집안에 재물이 넘쳐나기를 바랐기 때문에 만들어졌다는 이야기도 있습니다. 또 누에고치의 실처럼 한

해의 일이 술술 잘 풀리라는 기원의 의미도 담겨 있다고 합니다.

충청도는 가래떡처럼 길게 늘이지 않고 도토리 크기로 둥글게 빚어서 생떡국을 만들어 먹었습니다. 전라도는 꿩 떡국이나 두부 떡국을 만들어 먹었습니다. 또 경상도는 떡을 구워서 넣기도 했습니다. 떡을 둥그렇게 썰어 넣은 태양 떡국과 굴 떡국, 메밀 떡국 등이 유명합니다. 그리고 북한 지역에서는 세찬으로 만둣국을 먹었습니다.

더 알아보기

인절미의 기막힌 사연

광해군을 끌어내리고 조선 16대 임금에 오른 인조는 공신이었던 이괄이 난을 일으키자 공주로 피난을 옵니다. 그 때 어떤 백성이 인조에게 떡을 올렸는데 그 떡을 먹은 인조가 "이야~ 그 맛이 절미絕味로다. 이게 무슨 떡이냐?"라며 감탄했습니다. 그런데 신하들은 떡의 이름은 모르고, 임씨 성을 가진 사람이 올린 진상품이라는 것만 알았습니다. 그래서 인조는 임씨가 만든 가장 맛있는 떡이라는 뜻에서 임절미任絕味라는 이름을 내립니다. 임절미는 점차 인절미가 되었습니다.

21

도토리로 음식을 해먹는 나라는 우리나라뿐이다

도토리 냉면, 도토리 빈대떡, 도토리 묵밥 등 도토리로 만들어 먹을 수 있는 음식이 꽤 많습니다. 도토리묵에 막걸리 한 사발을 들이켜면 그야말로 환상입니다. 그런데 세계적으로 도토리로 음식을 해먹는 나라는 우리나라밖에 없다고 합니다. 정말일까요?

도토리에는 타닌 성분이 많습니다. 그래서 소화에 도움이 되고, 우리 몸 안의 중금속과 유해물질을 배출시킵니다. 또 성인병과 고혈압, 동맥경화, 피로 해소에 효과가 있는 것으로 알려졌습니다. 그런데 도토리로 음식을 해먹는 나라는 우리나라가 유일한 것으로 알려졌습니다. 세계 그 어느 나라도 나무에서 떨어진 도토리로는 먹을거리를 만들어 먹지 않는답니다.

우리 민족이 도토리를 이용한 것은 기원전 6500년쯤으로 거슬러 올라갑니다. 울산 세죽 해변에서 세계에서 가장 오래된 도토리 이용 유적이 남아 있고 조선왕조실록에서는 1424년 세종대왕께서 흉년에 대비해서 일정한 수량의 도토리를 예비하라는 명령을 했다는 기록이 있습니다. 즉 흉년이 들고 양곡 생산이 좋지 않을 때 대비하는 구황救荒나무로 도토리나무를 심도록 한 것입니다.

그리고《임원경제지》에서는 도토리나무를 심고 가꾸는 방법을 기술하고 있습니다.《본초강목》에는 "도토리는 곡식도 아니고 그렇다고 과실도 아닌 것이, 곡식과 과실의 좋은 점을 두루 갖추고 있다. 도토리만 먹어도 보신이 필요 없는 좋은 식품이다."고 적혀있고,《산림경제》에서는 "도토리를 쪄 먹으면 흉년에도 굶주리지 않는다."라고 했습니다. 신갈나무를 비롯하여 떡갈나무, 갈참나무, 졸참나무 등의 나무에서 나는 변종의 열매를 모두 도토리라고 합니다.

그런데 도토리 음식이 맛있다고, 도토리를 모두 싹쓸이해가면 동물들이 먹을 것이 없어지고 동물 생태계가 위험해집니다. 다람쥐·청설모뿐 아니라 멧돼지·고라니·반달가슴곰 같은 대형 포유류, 각종 새도 도토리가 줄어들면 생존이 위태로워집니다. 도토리를 먹는 작은 동물들이 줄어들면 그 위의 상위 포식자들도 위기에 처합니다. 국립산림과학원은 무분별한 도토리 채집은 민가에 멧돼지 출몰이 늘어나는 것과도 연관이 있다고 보고 있습니다.

도토리는 매년 일정한 수량이 열리는 게 아니고 4~5년의 주기를 두고 열리거나, 해를 걸러서 열립니다. 도토리 생산량이 들쑥날쑥하여서 도토리가 흉년일 때는 멧돼지가 자주 출몰하는 반면에, 풍년일 때는 산에서 내려오는 경우가 많지 않다고 합니다. 올해 멧돼지가 민가에 내려왔다는 소식이 뜸하면 도토리가 많이 열렸기 때문입니다.

야생동물 보호를 위해서 '산에서 도토리 주워오지 마세요' 라는 캠페인도 벌이고 있지만, 아직 효과가 크지 않다고 합니다. 그리고 곳곳에서 진행되는 개발도 참나무와 도토리 감소에 영향을 미치고 있습니다. 도토리가 열리는 나무는 해발 600m 이하의 민가 주변에 많이 자라기 때문에, 상대적으로 개발 피해와 영향을 많이 받는 나무 가운데 하나입니다.

그래서 국립산림과학원이 도토리나무에 도토리가 매년 열리도록 품종을 개량하는 연구를 진행하고 있고 일부 성과를 얻고 있다는 소식이 있습니다. 농가에서 도토리를 직접 생산하면 그만큼 도토리를 구하기 쉬워지고, 그러면 등산객들이 산에서 줍거나 채집하는 양도 줄어들 것이라는 기대를 하고 있습니다.

> 과유불급. 뭐든지 과하면 안 됩니다.
> 도토리도 적당히 가져와야지 싹쓸이하다시피 하면
> 그 피해가 우리에게 부메랑으로 돌아오게
> 되어 있다는 것도 생각해야겠어요.

22

꼬불꼬불한 라면의 비밀

라면, 좋아하시나요? 우리 국민은 1년에 평균 74개의 라면을 먹는다고 합니다. 1인당 라면 소비량이 세계 1위라고 하는데 라면이 없었다면 어떻게 살았을까 싶습니다. 그런데 라면은 면발이 왜 그렇게 꼬불꼬불 생겼을까요?

라면 만드는 과정을 보면 밀가루를 비롯한 재료를 섞은 다음, 끈기가 생기도록 롤러를 이용해서 반죽합니다. 그렇게 쫄깃해진 반죽은 면발을 만드는 제면기에 넣어서 꼬불꼬불한 모양의 면을 뽑아냅니다. 면을 뽑아내는 속도보다 면을 받아내는 컨베이어 벨트의 속도를 느리게 조절해서 라면 특유의 꼬불꼬불한 면발을 만들어냅니다.

　라면을 오래 보관하려면 면을 기름에 빠르게 튀겨내야 합니다. 그런데 면이 꼬불꼬불하면 수분이 빠르게 날아갈 공간이 생깁니다. 또 라면을 끓일 때 꼬불꼬불한 공간 사이로 뜨거운 물이 들어가서 빠르게 익습니다. 그리고 면이 꼬불꼬불하면 쉽게 부서지지 않고 설령 부서지더라도 모양이 나쁘지 않아 상품가치가 크게 떨어지지 않습

니다. 그래서 라면의 면발은 꼬불꼬불합니다.

국수는 기원전 6000년~5000년경부터 서아시아나 중국 지역에서 만들어 먹기 시작한 것으로 알려져 역사가 상당히 오래됐습니다. 하지만 라면은 1870년대 일본 요코하마 중화 거리 등의 중국요리점에서 처음 시작되었다는 설과 1922년 일본 삿포로에서 시작되었다는 설이 있습니다.

인스턴트 라면은 일본에서 사업가 안도 모모후쿠가 개발해서 1958년에 선보였습니다. 그는 라면을 저렴하면서도 간편하게 먹을 수 없을까, 연구하던 중에 우연히 튀김을 기름에 튀기는 걸 보고 힌트를 얻고 1958년 8월 25일에 첫선을 보입니다. 그래서 8월 25일이 세계 인스턴트 라면의 날입니다. 하지만 이 라면은 보존성이 그다지 좋지 않았습니다. 그래서 1962년 다른 식품회사에서 마른국스와 스푸가 별도로 첨부된 라면을 내놓습니다. 이것이 우리가 지금 먹는 라면의 원조입니다.

우리나라가 일본 묘죠 식품의 기계와 기술을 도입해서 라면을 생산하기 시작한 것이 1963년 9월 15일입니다. 그때 당시 라면 1봉지 가격은 10원이었습니다. 싼값도 아니고, 맛도 생소해서 소비자들은 반응은 냉담했습니다. 이후 라면 회사들이 얼큰하게 만드는 연구를 하여 오늘의 라면을 만들었습니다.

야외에서도 간편하게 먹을 수 있는 컵라면은 일반 라면과 만드는 공정에 큰 차이가 없습니다. 다만, 라면은 밀가루가 주성분인데 반해 컵라면은 감자 전분을 많이 사용한다는 점이 가장 큰 차이점입니다. 전분은 밀가루보다 빨리 익는 특성이 있고, 익히면 쫄깃한 맛이 강해집니다. 그리고 면발이 일반 라면에 비해 가늡니다. 컵라면이 국내에 처음 들어온 것은 1981년입니다.

우동 면발 색깔은 흰색인데, 라면은 노르스름합니다. 라면은 중화면 제조법을 그대로 이어받았습니다. 중화면은 알칼리 성분이 다량 함유된 간수로 밀가루를 반죽해서 뽑는데, 밀가루에 알칼리 성분이 들어가면 색이 노르스름하게 변합니다. 간수는 반죽을 탄력 있게 만들어서 면발을 쫄깃하게 만들어줍니다.

더 알아보기

라면 이름의 유래

라면의 어원은 중국의 납면拉麵입니다. 중국 발음은 라미엔인데, 납면은 밀가루 반죽을 손으로 잡아 늘이면서 만드는 국수를 말합니다. 납이 끌고 당긴다는 뜻입니다. 또 다른 설도 있습니다. 일본 삿포로에서 중화면을 파는 음식점이 있었는데, 이 집에서는 면 요리를 그저 '미안'으로 불렀고, 주방장이던 중국 요리사가 음식을 내놓을 때는 항상 '라 미안'이라고 외쳤다고 합니다. 중국어로 '라'는 완료 료了자로, 다 됐다는 뜻입니다. 그러다 한참 뒤에 그 집 메뉴판이 바뀌었는데, 거기에 '라미안'이라는 이름이 올랐고 이것이 라면이 되었다고 합니다.

23

고사상에는 왜 돼지머리를 올릴까?

개업식을 하거나, 사업을 시작하거나 건물을 새로 지었다고 고사를 지낼 때 돼지머리가 빠지면 무척 허전합니다. 그런데 왜 하필 돼지머리를 올리는 것일까요?

고사 상에 돼지머리를 올리는 이유는 여러 가지가 있습니다. 첫 번째는 옛날 하늘의 옥황상제 밑에 업장군과 복장군이 있었습니다. 두 장군이 서로 다투자, 옥황상제가 탑을 쌓는 시합을 해서 먼저 탑을 쌓은 사람을 가까이하겠다고 합니다. 그런데 이 시합에서 업장군이 잔꾀를 부려서 복장군을 이기게 되는데, 그만 탄로가 나고 맙니다. 그래서 옥황상제가 복장군을 돼지로 환생한 후 사람들이 하늘에 소원을 빌 때 중개 역할을 할 수 있는 권한을 주었습니다.

두 번째는 고구려 시절부터, 제천의례를 거행할 때 돼지가 사용되었기 때문입니다. 고구려 2대 왕인 유리왕이 3월 3일에 돼지와 사슴을 사냥해서 하늘과 산천에 제사를 지냈다는 기록이 있습니다. 이렇게 고구려 초기부터 이어진 전통을 지금까지 이어받았습니다.

그리고 중국 책 《진서》의 《숙신 씨》편에도, "고구려 사람들은 사람이 죽으면 그 날 곧바로 들에서 장사를 지내는데, 나무로 작은 곽槨을 만들고 돼지를 잡아서 그 위에 쌓아 놓고, 이 돼지를 죽은 사람의 양식이라고 했다."는 기록이 있습니다.

오늘날에도 무당이 하는 큰굿이나, 동네를 지켜달라고 하는 동제洞祭에 돼지를 희생 제물로 쓰고 있습니다. 굿에서는 돼지머리만을 쓰는 경우가 많고, 동제에서는 돼지를 통째로 사용하는데, 돼지가 지신地神(집터와 집안 대지를 지키고 관장하는 신)의 상징으로도 인식되었습니다.

또 돼지의 한자어 돼지 돈豚자가 우리말 '돈'과 같은 소리 말이고 돼지는 새끼를 많이 낳습니다. 많이 낳을 때는 스무 마리 이상 낳기도 합니다. 그래서 돼지의 다산과 부귀영화를 누리기 바라는 마음으로 돼지머리를 올리고, 코나 주둥이 등에 돈을 물린다고 합니다.

그리고 우리 민속놀이 중 하나인 윷놀이에서도 돼지가 나옵니다. 윷 하나가 뒤집히는 '도'가 돼지입니다. 말 한 칸을 가는 도는 시작을 뜻합니다. 그래서 개업식 등을 할 때 돼지머리를 놓고 시작이 잘되기를 바라는 것입니다. 도의 원말은 '돝'입니다. 돝은 돼지豚를 뜻하는데, 씨돼지를 지금도 씨돝이라 부르는 경우가 있습니다. 돝에서 ㅌ받침이 빠지고 도가 된 것입니다. 또 돼지를 도야지라고도 합니다.

24

교도소에서
진짜 콩밥만 먹을까?

상대방과 다툼이 있을 때 "당신, 콩밥 한번 먹고 싶어?" 하고 윽박지르는 사람들이 있습니다. 이때 콩밥은, 진짜 콩밥이 아니라 교도소 한번 가보겠느냐는 뜻입니다. 드라마에서도 대사로 많이 나오는데 교도소에서는 진짜 콩밥을 먹을까요?

지금은 먹지 않습니다. 하지만 과거에는 먹었습니다. 그것도 콩 비율이 꽤 높은 콩밥을 먹었습니다. 그래서 **콩밥=교도소**라는 등식이 성립되었던 것입니다. 콩밥을 언제부터 먹었는지 정확한 시점은 알 수 없지만 적어도 1925년에는 콩밥을 먹었습니다. 소설가 나도향 선생이 1925년에 발표한 단편소설 〈뽕〉에서는 여주인공이 남의 뽕밭에 들어가서 몰래 뽕 서리를 하다가 관리인에게 들킵니다. 그때 관리인이, "왜 감옥소 콩밥 맛이 고소하더냐?"라면서 여주인공을 윽박지릅니다.

1921년 신문에도 교도소 콩밥에 대한 기사가 있습니다. 그러므로 그 이전부터 콩밥이 제공되었을 가능성이 큽니다. 1936년 당시 조선총독부가 밝힌 형무소 재소자 식단표를 보면 밥은 쌀 10%, 콩 40%, 좁쌀 50%로 구성되어 있습니다. 콩이 40%지만 콩이 색깔도 진하고 크기도 크니까 밥 전체가 모두 콩으로 뒤덮인 것처럼 보였을 것입니다.

우리나라 교도소 재소자의 식사 규정은 1957년에 만들어졌습니다. 이때도 콩밥을 줬습니다. 이때는 쌀 30%, 보리 50%, 콩 20%의 잡곡밥이었습니다. 그러다 교도소에서 콩밥이 사라진 것은 1986년입니다. 이때부터는 쌀과 보리만 섞은 밥을 줬습니다.

재소자들에게 콩밥을 준 이유는 상대적으로 저렴한 가격으로 단백질을 공급할 수 있었기 때문입니다. 그런데 1986년부터는 나라 살림이 좋아져서 재소자들에게 고기반찬을 제공하고 있습니다. 또 예전만큼 콩값도 싸지 않고 콩을 삶을 때 연료비가 많이 들어가는 것도 더는 콩밥을 주지 않는 이유입니다.

1986년 이후 쌀 8대 보리 2 비율, 또는 9대 1 비율로 밥을 짓다가, 2014년 6월부터는 100% 쌀로만 밥을 짓습니다. 정부의 보리수매제 폐지로 보리 재고가 떨어졌고, 더는 보리값이 쌀값보다 싸지 않기 때문입니다.

그리고 교도소에 있던 사람이 출소하면 흔히 두부를 먹이는데 이제부터 죄짓지 말고 두부처럼 깨끗하게 살라는 뜻입니다. 두부 역시 단백질 덩어리이니까 그동안 못했던 영양 보충을 하라는 뜻도 있습니다. 그리고 콩으로 만든 두부는 다시 콩으로 돌아갈 수 없는데, 마찬가지로 다시는 교도소로 돌아가지 말라는 뜻도 담겨있다고 합니다.

25

우리나라는 언제부터 음식 배달을 시켰을까?

점심이나 저녁 메뉴를 고민할 때 배달음식은 자주 선택지에 있습니다. 하지만 우리가 음식 배달을 처음부터 좋아했던 것은 아닙니다. 조선 시대만 해도 유교사상이 강해서, 밥상에서 말을 한다거나, 밥그릇을 들고 먹는 것도 금기사항이었습니다. 그렇다면 우리나라는 음식을 언제부터 배달시켜 먹기 시작했을까요? 그리고 자장면은 언제부터 먹게 되었을까요?

우리 전통음식은 주로 국물음식이 많고 반찬이 여러 가지입니다. 그래서 사실 배달에는 맞지 않습니다. 배달에 적당한 음식은 국물이 적거나 없는 음식, 또 반찬이 필요 없는 음식입니다. 그래서 자장면이나 우동, 냉면, 설렁탕 같은 음식 배달부터 시작되었습니다.

1924년 동아일보 기사에는 "직원들이 점심 때 설렁탕이나 냉면 같은 음식을 시켜먹으면, 배달하는 사람이 누추하다는 이유로 음식을 들여오지 못하게 해서 조선 직원들도 할 수 없이 입에 맞지 않는 일본음식을 먹는 일이 있다."는 내용이 나옵니다. 기사를 통해 적어도

1920년대부터 우리 음식이나 일본 음식 배달이 시작되었다는 것을 알 수 있습니다.

1930년대 신문기사에는 우동 배달을 가던 사람이 교통사고를 당했다는 기사가 있고 1936년에는 어려운 사람을 돕기 위해서 냉면 배달조합원들이 성금을 냈다는 기사도 있습니다. 즉 1930년대에는 배달인력이 조합을 결성할 만큼 음식 배달이 일반적이었다고 볼 수 있습니다. 배달 음식의 대명사격인 자장면이 이 땅에 처음 선을 보인 때는 1905년입니다. 인천 차이나타운에서 화교 우희광 씨가 처음 만들어서 팔았다는 것이 정설입니다. 올해로 꼭 110년이 되었습니다. 자장면도 팔기시작하자마자 배달을 했던 건 아닐 테고, 1920년대에 시작되지 않았을까 추정합니다.

배달하려면 빼놓을 수 없는 것이 철가방입니다. 그런데 처음에는 나무로 만든 목木가방이었습니다. 누가 처음, 언제 만들었는지 정확히 알 수 없지만, 배달원들이 많았던 1930년대에 이미 거리를 누볐다고 합니다. 요즘 보는 철가방보다는 보온 효과가 뛰어났지만 무겁고 음식물이 안에서 엎어지거나 넘치면 나무에 스며든다는 단점이 있었습니다. 그래서 플라스틱으로 만들었다가 훗날 철가방으로 바뀌었습니다.

우리가 지금 보는 철가방 형태는 1970년대에 등장했습니다. 함석판으로 만들어져 음식이 묻어도 바로 닦을 수 있고, 은색이니까 깨끗해 보입니다. 그리고 배달하다가 조금 찌그러져도 금방 펼 수 있습니다. 또 세로로 닫는 문도 좁은 공간에서 쉽게 열 수 있는 장점이 있습니다. 이처럼 여러 가지로 편하여서 지금까지 철가방이 거리를 누비고 있습니다.

그래서 지난 2009년에 한국디자인문화재단이 1960년 이후 현재까지 우리 한국인의 일상에 큰 영향을 끼친 코리아 디자인의 하나로 철가방을 선정하기도 했습니다.

> 몇 년 전에 배달 아르바이트생을 죽음으로 몰아갔던,
> 30분 배달제가 다시 살아나고 있다고 합니다.
> 자장면 한 그릇, 치킨 한 마리에 목숨 걸지 않도록
> 여유 있게 기다리는 문화도 만들어가야
> 하지 않을까 싶습니다.

하인리히 찬클, 《노벨상 스캔들》, 박규호(역), 랜덤하우스코리아, 2007

김경화, 《달력은 어떻게 만들어졌을까》, 토토북, 2008

정은정, 《대한민국 치킨전》, 따비, 2014

엄민용, 《더 건방진 우리말 달인》, 다산초당, 2009

김형훈, 《뜻밖의 한국사》, 오늘의책, 2004

최용민, 《라면 요리 천국》, 리스컴, 2013

최강석, 《바이러스의 습격》, 살림출판사, 2009

김지룡,갈릴레오 SNC, 《사물의 민낯》, 애플북스, 2012

이윤옥, 《사쿠라 훈민정음》, 인물과사상사, 2010

박진영, 《새의 노래, 새의 눈물》, 필통(FEELTONG), 2010

제임스 레버, 《서양패션의 역사》, 정인희(역), 시공아트, 2005

주영하, 《식탁위의 한국사》, 휴머니스트, 2013

김용란, 《우리 풍속 이야기》, 대교출판, 2002

이종탁, 《우체국 이야기》, 황소자리, 2008

박정배, 《음식강산1》, 한길사, 2013

박정배, 《음식강산2》, 한길사, 2013

박정배, 《음식강산3》, 한길사, 2015

윤덕노, 《음식으로 읽는 한국생활사》, 깊은나무, 2014

피에르 제르마, 《이것이 세상이다》, 최현주(역), 하늘연못, 2009

황순하, 《자동차 문화에 시동걸기》, 이가서, 2005

조병수, 《재미있는 돈 이야기》, 이가책, 1995

조항범, 《정말 궁금한 우리말 100가지》, 예담, 2009

신병주, 《조선과 만나는 법》, 현암사, 2014

정광, 《조선시대의 외국어교육》, 김영사, 2014

김상보, 《조선시대의 음식문화》, 가람기획, 2006

잭 첼로너, 《죽기 전에 꼭 알아야 할 세상을 바꾼 발명품 1001》, 이사빈 · 이제학 · 이민
희(역), 마로니에북스, 2010

햇살과나무꾼, 《클래식 오디세이》, 아이세움, 2013

김정희, 《패션에 쉼표를 찍다》, 랜덤하우스코리아, 2006

이준우 외 4인, 《한국수화 회화 첫걸음》, 나남, 2010

한국어읽기연구회, 《한국의 전통 민간신앙》, 학이시습, 2013

D. 린드세이 벅슨 저, 《환경호르몬의 반격》, 아롬미디어, 2012

윤솔아, 〈구한말 이후 전세계약의 논의 변화와 특성 연구〉, 한양대학교 도시대학원 석사
학위 논문, 2013

▪ ▪ ▪

백과사전과 인터넷 검색, 신문, 잡지 등의 기사와
국립국어원, 문화재청, 국회 등의 관련 기관 홈페이지 등을 참고했습니다.